H. Manthey, I. Pönighaus

Kunst und Werken mit Kindern

für die Berufsfachschule Kinderpflege

Stam 7450.

Stam

www.stam.de

Stam Verlag
Fuggerstraße 7 · 51149 Köln

ISBN 3-8237-**7450**-6

Vorwort

Ihr Ziel ist es, Kinderpflegerin zu werden. Damit haben Sie sich einen Beruf ausgesucht, in dem Sie sich verantwortungsbewusst für die positive Entwicklung Ihnen anvertrauter junger Menschen einsetzen wollen. Eine besonders lohnende Aufgabe ist es, gestalterische Kräfte von Kindern freizusetzen und die Kinder durch viele Anregungen in ihrer Kreativität zu fördern.

Ganz allgemein sollen Sie in Ihrer Ausbildung die Fähigkeit erlangen, in persönlicher und gesellschaftlicher Verantwortung sach- und fachgerecht zu handeln.

Durch den dreiphasigen Aufbau Ihrer Ausbildung werden Sie hierzu befähigt. Übertragen auf den Werkunterricht bedeutet dies, dass Sie sich im gestalterischen Bereich zunächst mit sich selbst auseinandersetzen und lernen, mit verschiedenen Mitteln Ihre Individualität auszudrücken.

Dann beschäftigen Sie sich immer mehr mit dem Kind und lernen, es zu verstehen. Sie erhalten Einblick in die Entwicklung kindlicher Darstellungsweisen und fördern die Kinder in ihrem gestalterischen Tun durch spielerischen Umgang mit Form und Farbe. Schließlich soll es Ihnen dann in der dritten Phase immer mehr gelingen, pädagogisch begründete Konzepte anzubieten und verschiedene Techniken wie zum Beispiel Drucktechniken, Tonarbeiten, Holzarbeiten mit den Kindern durchzuführen. Dabei ist die Frage zu stellen: Wie kann ich im bildnerischen und plastischen Bereich situations- und themenbezogen arbeiten?

Versuchen Sie doch einmal, in Ihrer eigenen kreativen Arbeit für sich persönlich neue und eigene Lösungen zu finden.

Ausgetretene Pfade zu verlassen, ist ein wichtiger Teil schöpferischen Tuns und von Kindern kann man in dieser Hinsicht einiges lernen. Dem Kind brauchen Sie nur Anregungen zu geben und Möglichkeiten kreativen Schaffens zu bieten. Es besitzt von Natur aus große schöpferische Kräfte und arbeitet mit bewundernswerter Spontaneität. Mancher Künstler – zum Beispiel Pablo Picasso – versuchte mit größter Anstrengung, sich diesen beim Erwachsenen versiegten Quellen wieder zu nähern.

Arbeiten Sie möglichst großzügig und frei mit den Kindern und lassen Sie der kindlichen Kreativität viel Raum! Das vorliegende Buch soll Ihnen dabei helfen.

Die Autorinnen

Inhaltsverzeichnis

Erklärung der Symbole

Einführung

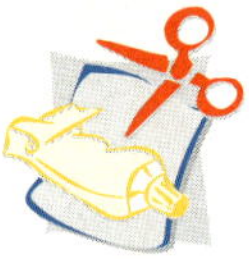

Materialien

Durchführung

Angebote für Kinder

Anmerkung

Phase der Selbstwahrnehmung

1

1.1 Einleitung

Die erste Phase der Ausbildung zur Kinderpflegerin ist eine Orientierungsphase. Ausgangspunkt ist die persönliche Situation und vor allem die eigene Persönlichkeit.
Aus diesem Grund steht auch im Fach Werken die Selbstfindung im Vordergrund des Tuns. Die Auszubildenden sollen dabei auf vorhandene Kenntnisse zurückgreifen, neue Erfahrungen machen, sich mit ihren Mitschülerinnen austauschen und letztlich zu einer zusammenfassenden Reflexion der eigenen Arbeiten kommen. Bei jeder gestalterischen Tätigkeit ist es wichtig, offen und neugierig zu sein. Diese Eigenschaften sind Voraussetzung jeglichen kreativen Schaffens. Durch das Ausleben der kreativen Kräfte wird das Selbstbewusstsein gefördert. Ein weites Experimentierfeld soll im Werkbereich zur Verfügung stehen, in dem sich jeder frei bewegen und durch sein Tun Mut im Umgang mit den eigenen Ideen erlangen soll.
Bestimmte grundsätzliche Fragen werden sich einstellen:

- Wo zeigen sich persönliche Eigenschaften?
- Für welchen Inhalt, welches Thema entscheide ich mich?
- Welche Form und welche Farbe wähle ich?
- Mit welchen von mir beherrschten Mitteln und Techniken kann ich Individualität darstellen?

Aus den vielen Möglichkeiten der Selbstdarstellung werden im Folgenden einige vorgestellt. Es sind abbildende, zum Teil porträtgebundene Arten der Selbstdarstellung, aber es werden auch andere Alternativen, die Individualität ausdrücken, gezeigt.

1.2 Die abbildende Selbstdarstellung

Mit dem Wort Selbstdarstellung verbindet man zunächst die Abbildung der Person selbst. Diese kann auf verschiedene Arten erreicht werden: Durch ein Selbstporträt, das mit sehr unterschiedlichen Techniken gestaltet werden kann, zum Beispiel durch Zeichnen, durch eine handwerkliche Arbeit oder durch die Abbildung der ganzen Person. Die ganze Person kann in natürlicher Größe, in Übergröße, oder verkleinert dargestellt werden.

1.2.1 Selbstporträt

Das Selbstporträt ist ein Urmotiv der Kunst. Große Maler, zum Beispiel Albrecht Dürer (1471-1528), haben sich in verschiedenen Techniken gemalt und gezeichnet. Bildhauer, wie Käthe Kollwitz (1867-1945), haben sich plastisch mit dem Selbstbildnis auseinandergesetzt. Der Ausdruck kann realistisch, idealisiert oder expressionistisch (ausdrucksbetont) sein.

Im folgenden Kapitel geht es zunächst um Proportionskenntnisse (Maßeinheiten). Danach werden viele Anregungen zur flächigen Gestaltung eines Selbstporträts (Zeichnen, Malen, Spiel mit dem Profil), aber auch einige zur plastischen Gestaltung gegeben. Man sollte wagen, sich selbst darzustellen und zu erfahren! Der Spiegel zeigt bei genauem Hinsehen die Proportionen des Gesichtes, die charakteristischen Merkmale der Augen, der Nase, des Mundes, der Ohren usw. Bei der Auseinandersetzung mit der eigenen Person können folgende Fragen gestellt werden:

- Will ich mein Gesicht studieren und naturgetreu arbeiten?
- Will ich mein Gesicht vereinfachen, indem ich mich auf wesentliche Merkmale beschränke?
- Will ich meine Erfahrungen, Gefühle und Wünsche mit einbringen?
- Welche Technik will ich anwenden?

Es erleichtert sicherlich das Vorhaben, wenn vor das Studium des eigenen Gesichtes das Studium eines befreundeten Menschen gesetzt wird.

1.2.2 Zeichnung

Die klassische Art, ein Porträt zu erstellen, ist die Zeichnung. Voraussetzung für die Anfertigung eines Poträts ist die Kenntnis der Idealmaße des Kopfes (Kanon). Dann ist es wichtig, sich mit den Einzelpartien des Gesichts (Augen, Nase, Mund, Ohren) näher zu beschäftigen. Danach wird das eigene Gesicht gezeichnet.

Wie der Porträtmaler Jean Auguste Dominique Ingres (1780-1867) einmal sagte, gründet sich der Erfolg auf der Form. Es sollte einfach das gezeichnet werden, was man sieht. Dabei versucht man, die Form zu erfassen.

Übung: Idealmaße des Kopfes (Kanon)

Zu Beginn Ihres Vorhabens, ein Porträt zu zeichnen, setzen Sie sich mit den Maßen des Kopfes auseinander. Am besten zeichnen Sie den Kopf von der Seite (Profil) und von vorn (en face):

- Zeichnen eines Liniengerüstes (siehe Skizze). Stirn-, Nasen- und Mundpartie haben die gleiche Breite;
- zusätzlich Mittelachse einfügen, sie läuft durch die Augen und halbiert den Kopf;
- Zeichnen des Gesichtes von der Seite (Profil);

- Zeichnen der Schädelpartie (Kreis) und der Gesichtspartie;
  von der Seite ist zu sehen, dass die Grundform des Kopfes rund ist; der Kiefer ist am Schädel eingehängt; es entsteht dann eine Eiform, wobei das Kinn die Eispitze bildet;
- Zeichnen des Gesichtes von vorn (en face);
  es entsteht wiederum die Eiform, der Zwischenraum zwischen den Augen ist so groß wie ein Auge; insgesamt passen die Augen fünfmal nebeneinander;
- die Breite der Nase kann durch eine Senkrechtlinie von der inneren Augenspitze aus ermittelt werden;
- die Ohren liegen im Nasenbereich;
- der Mund liegt in der Mitte des Bereichs Nasenspitze/Kinn;
- die Mundwinkel liegen zwischen Nasenflügel und Pupille (gestrichelte Linie).

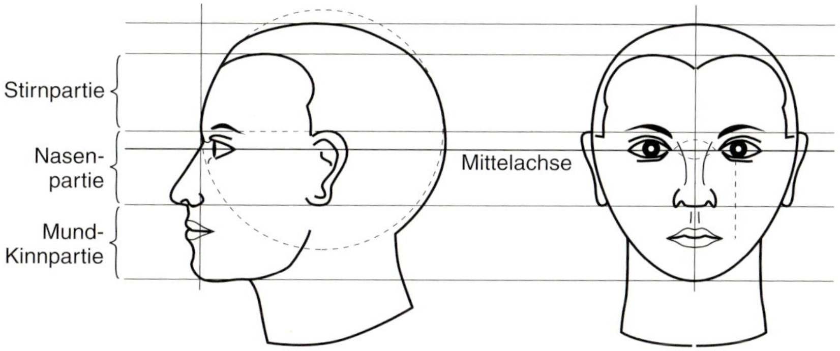

Idealmaße eines Gesichtes (Kanon)

Übung: Studienblatt

Nach den Übungen zum Kanon des menschlichen Kopfes fertigt man ein Studienblatt an, auf dem man sich mit den Einzelpartien des Gesichts auseinandersetzt. Das geht am besten, wenn ein Modell gegenüber sitzt. Gezeichnet wird wieder mit dem Bleistift (2B-4B).

Das klassische Zeicheninstrument ist der Bleistift. Deshalb ist er besonders für Anfänger geeignet. Später können andere Techniken ausprobiert werden.

- Bleistifte: HB, 2B, 4B; dabei bezeichnen H (= hard) den Härtegrad und B (= black) den Weichheitsgrad der Mine; eventuell kann auch eine Vollmine verwendet werden, deren Mine etwa so dick wie ein normaler Bleistift ist und die keine Holzummantelung hat (Grafitstift);
- weicher oder knetbarer Radiergummi;
- zum Löschen und Verwischen Lappen oder Watte um einen spitzen Gegenstand wickeln;
- Ölkreiden (beim Gebrauch von Jaxonkreiden dunkle Töne nehmen – diese brauchen nicht fixiert zu werden und eignen sich sehr gut zum Portätzeichnen); Kugelschreiber;
- Papier: weißes, schwarzes, getöntes Papier, Packpapier, Tonpapier (bekannt als farbiges Papier für Plakate und Fensterbilder) in Naturtönen.

- Für Fortgeschrittene: farbige Kreidestifte (Stifte mit Holz ummantelt) in Rötel oder Sepia (auch Schwarz und Weiß); Pitkreiden (kantige Kreiden in den gleichen Farbtönen); Pastellkreiden (diese müssen zum Beispiel mit Haarspray fixiert werden). Technisch reizvoll ist es, mit Pastellkreiden auf schwarzem Papier zu arbeiten. Dabei werden hervorstechende Teile des Gesichts wie Wangen- und Nasenpartie mit Weiß „gehöht". Durch Wischen kann man das Gesicht plastisch modellieren.
- Zeichnen der Augen:
  Die Augen werden von vorn und der Seite gezeichnet. Das Gegenüber soll dabei den Kopf senken oder anheben, damit die Augen auch von unten und oben gezeichnet werden können. Das menschliche Auge besteht aus dem Augapfel, der die Form einer kleinen Kugel hat. Aus dem Kreis der Iris wird eine Ellipse, wenn das Auge von der Seite betrachtet wird. Der Lichtpunkt im Auge, der dieses Organ erst lebendig wirken lässt, sollte nicht vergessen werden.
- Zeichnen des Mundes:
  Der Mund muss besonders behutsam gezeichnet werden. Er verträgt keine harten Umrandungen und darf deshalb nur mit einem weichen Bleistift gezeichnet werden.
- Zeichnen der Nase:
  Die Nase ist im Profil leicht zu zeichnen. Von vorn gesehen besitzt sie keine klaren Konturen. Um ihre Form korrekt wiederzugeben, muss sie als ebene Fläche gesehen und damit auch ohne optische Verkürzung gezeichnet werden. Die Zeichnung der Nase gelingt am besten, wenn das Modell als etwas völlig Unbekanntes betrachtet wird. Was zum Thema „Nase" gesagt wurde, gilt auch für das Thema „Ohren".

Die gewonnenen Kenntnisse werden in die Praxis umgesetzt, indem man frei mit den Formen spielt und unwirkliche, surreale Bilder zeichnet. Auf diese Weise können Bilder entstehen, auf denen es mehrere Augen in einem Gesicht gibt oder auf denen Augen in eine Landschaft gezeichnet werden.

Das Thema kann auch durch die Umsetzung von Begriffen wie „Augapfel", „Augenweide", „Nasenbein" oder „Mundhöhle" erweitert werden. Redewendungen, zum Beispiel „etwas steht vor dem inneren Auge", können ebenfalls ausgestaltet werden. Auch das Thema „Augenblicke" ist interessant. Hier besteht die Möglichkeit, etwas zu verarbeiten, was man gesehen oder was jemanden persönlich beeindruckt hat. Eine gute Möglichkeit der Selbstdarstellung ist hier gegeben. Die Aufgaben können zeichnerisch mit Bleistift oder mit verschiedenen Kreiden durchgeführt werden. Natürlich lassen sie sich auch sehr gut malen, zum Beispiel auf Wellkarton.

Übung: Einzelschritte des Porträtzeichnens

Um es bei der Auseinandersetzung mit dem menschlichen Gesicht etwas leichter zu haben, zeichnet man zunächst einmal einen anderen Menschen. Interessanter wird das Modell, wenn es auf einfache Weise mit einem Tuch oder Band verändert oder verkleidet wird. Dadurch kann das Wesen dieses Menschen noch mehr hervorgeholt werden. Dann ist noch wichtig, die Haltung und Beleuchtung des Kopfes festzulegen.

Bevor mit dem Zeichnen begonnen wird, sollte zunächst mit dem „inneren Auge“ gezeichnet werden. Dabei betrachtet der Zeichner die inneren und äußeren Formen genau und umfährt die Konturen mit einem imaginären Bleistift. Diese Technik gilt für Zeichnungen aller Art.
Das eigentliche Zeichnen sollte mit einem leichten, formenden Strich erfolgen! Es entstehen dabei mehrere Striche. Sie werden locker, aber zügig gesetzt. Das Radiergummi soll so selten wie möglich benutzt werden. Eine Zeichnung mit ein paar falschen Strichen ist lebendiger als eine Zeichnung, in der viel radiert wurde. Der Abstand zum Modell oder zum Spiegel sollte ungefähr 1,50 m betragen, wenn nur der Kopf gezeichnet wird. Ist auch ein Teil des Körpers von Interesse, beträgt der Abstand 2-3 m. Wichtig ist, dass der Kopf nicht der Bewegung des Körpers folgt. Wird der Kopf direkt von vorn gezeichnet, ist es sinnvoll, dass der Körper seitlich zu sehen ist. Werden Kopf und Körper von vorn gezeichnet, wirkt die Zeichnung zu steif. Das beste Licht kommt seitlich von vorn und zwar mehr von vorn als von der Seite.

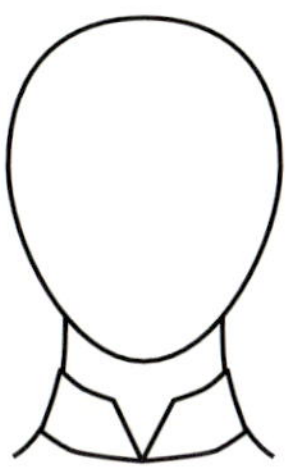

– Platzierung des Kopfes auf dem Blatt; damit das Modell „atmen“ kann, vor dem Gesicht mehr Raum lassen als dahinter;

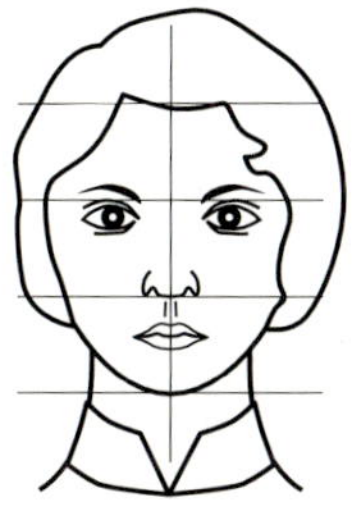

– Gesichtsform und Frisur endgültig festlegen;

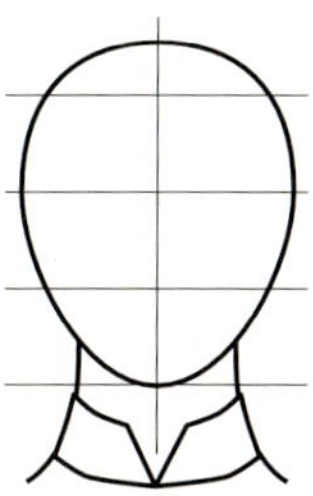

– Festlegung des Kanons (Kinn, Nasenspitze, Nase, Stirn) und der Gesichtsform durch das Ziehen von einer senkrechten und vier waagerechten Linien;

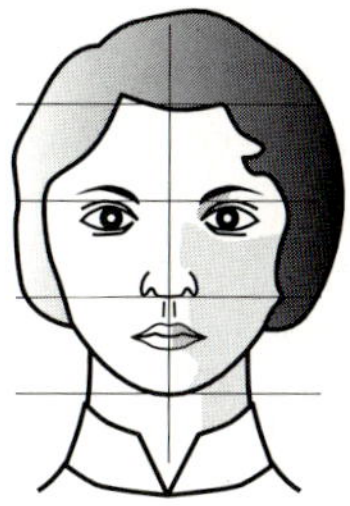

– allmählich alles vervollkommnen, eventuell schattieren, Lichteinfall beachten.

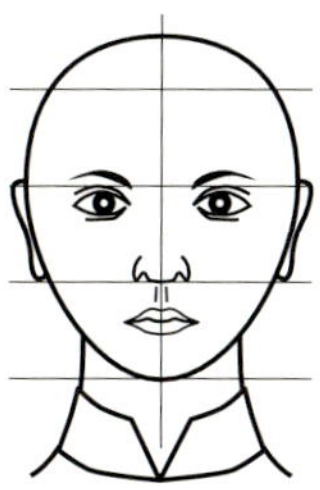

– Gesichtsteile zeichnen;

Diese Vorgehensweise ist nicht zwingend, erleichtert aber erfahrungsgemäß das Zeichnen.

Informative Erweiterung des Porträts zu einer Selbstdarstellung

Die Porträtzeichnung wird zu einer Selbstdarstellung erweitert, wenn sie noch weitere Informationen, zum Beispiel über persönliche Erlebnisse oder über die augenblicklichen Lebensprobleme gibt. Sie können sich unter anderem auseinandersetzen mit:

- Ihren Wünschen und Hoffnungen,
- wichtigen Erlebnissen,
- Ihrer sozialen Umgebung (Familie, Freund, Wohnung),
- einem für Sie typischen Tagesablauf.

Dinge die Sie mögen sind ebenso geeignet Ihre Persönlichkeit zu verdeutlichen, wie Dinge die Sie ablehnen.

Überlegen Sie sich, wo Sie den lebensgroßen Kopf auf Ihrem Bild platzieren und wie Sie den Hintergrund Ihres Kopfes gestalten wollen. Es könnte zum Beispiel ein Ausschnitt Ihres Zimmers oder der Blick aus dem Fenster des Zimmers sein. Eine interessante technische Möglichkeit ist es, das Bildformat zu einem Triptychen (dreiteiliges Bild mit der Hauptfigur im Mittelteil) zu erweitern. Triptychen findet man häufig als Altarbilder in der Kirche. Auf einem solchen Bild haben Sie viel Platz, um über sich selbst zu berichten. Im Mittelteil sind Sie selbst abgebildet, auf den Seitenteilen können zum Beispiel für Sie wichtige Personen zu sehen sein. Es ist sinnvoll, als Untergrundfläche einen Karton (zum Beispiel Zeichenkarton) zu verwenden. Die Seitenteile werden dann gefalzt und lassen sich klappen. Wenn man an eine größere gestalterische Aufgabe herangeht, sollte man sich Fragen zum Inhalt, zur Form und zur Technik stellen. Wichtige Fragen zum Thema der Selbstdarstellung sind

a) Inhaltlich:

- Welcher Aspekt oder welche Aspekte meines Lebens sollen neben dem Porträt selbst verdeutlicht werden? (Stichpunkte sammeln, Leitgedanken finden)
- Durch welche Dinge, Lebewesen, Symbole usw. lassen sich diese Aspekte darstellen?

b) Formal:

- Welche äußere Form (quadratisch, rechteckig, rund, Triptychen) und welches Bildformat (bei Rechteck: Hoch- oder Querformat) wähle ich?
- Wie gliedere ich meine Zeichnung (Vordergrund, Hintergrund)?
- Welche bildnerischen Mittel setze ich ein (Linie, Fläche, Farbe)?

c) Technisch:

- Welche Arbeitsmittel (Bleistifte, Buntstifte, Kreiden usw.) und Hilfsmittel brauche ich?
- Welche Papiere oder Kartons will ich verwenden?

- Zeichenpapier oder Karton, DIN-A3 oder DIN-A4
- Bleistifte (HB, 2B, 4B)
- Buntstifte
- Kreiden (Pitkreiden, Rötel braun oder schwarz, Pastellkreiden)

- Sammeln von Stichpunkten, die Ihre Lebenssituation erklären;
- Formulierung eines Leitgedankens für Ihre Zeichnung;
- Anfertigung mehrerer Skizzen (DIN-A4 oder DIN-A3);
  dabei berücksichtigen: Position des Kopfes, Ansicht des Kopfes (von vorn oder im Profil), Gliederung der umgebenden Fläche;
- Entscheidung für eine Zeichentechnik (Bleistift, Buntstift, Kreiden);
- Ausprobieren der Technik auf den Skizzenblättern;
- Auswahl des Formates (Größe);
- grobe Kompositionsskizze mit Bleistift;
- Ausführung.

Es wird entweder vor dem Spiegel oder nach einer Fotovorlage gezeichnet. Wichtig ist es, sich auf Wesentliches zu konzentrieren. So können Gesichtszüge und Haare durch stärkeres Auszeichnen betont werden. Die Kleidung wird eventuell nur angedeutet. Auf diese Weise wirkt das Gesicht und hat Raum zum Atmen.

1.2.3 Malerei

Eine andere Möglichkeit, ein Porträt anzufertigen, ist die Malerei. Hier gibt es verschiedene Vorgehensweisen. Man kann naturgetreu arbeiten, aber auch vereinfachend und ausdrucksbetont (expressiv). Das erstere soll kurz erwähnt, die zweite Möglichkeit ausführlicher dargestellt werden.

Übung: Malen nach der Natur

Im Kindergarten hat man sicherlich schon eine Technik kennengelernt, die einen sehr direkten Kontakt mit der Farbe ermöglicht, nämlich das Malen mit Fingerfarben. Man sollte diese Technik selbst einmal beim Malen eines Porträts versuchen. Für die Fingermalerei stehen auch Temperablöcke zur Verfügung.

- Fingerfarben oder Temperablöcke,
- Zeichenpapier (DIN-A3),
- Weicher Bleistift.

Im Gegensatz zu den Abtönfarben lassen sich Temperafarben im trockenen Zustand wieder mit Wasser lösen. Die Temperablöcke haben eine runde Form, Ø 44 mm bis 55 mm.

- Spiegel aufstellen;
- Einteilung des Gesichtes auf dem Blatt mit leichtem Bleistiftstrich (eine senkrechte, vier waagerechte Linien, siehe Übung „Porträt“);
- Zeichnen der Gesichtsform mit dem Bleistift;
- Fingerfarben auf einen Teller geben;

- Finger in die Farben tauchen und die Gesichtszüge und die Gesichtsform auf dem Blatt erarbeiten; Farben entweder auf dem Teller oder auf dem Blatt mischen; Farben wischend oder tupfend auftragen;
- mit Fingerfarben oder Temperablöcken kann man auch zartere Farben erhalten, wenn man eine größere Wassermenge nimmt.

Sollte die Gesichtsfarbe zu rosa sein, empfiehlt es sich, ein wenig Grün beizumischen.

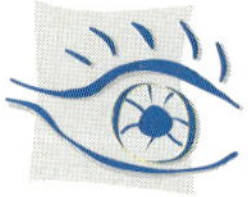

Ein Selbstbildnis kann noch origineller gestaltet werden, wenn man einen ganz persönlichen Rahmen entwirft. Als Material bieten sich Pappe oder ein Styroporrahmen an. Auf diesen Rahmen können persönliche Motive gemalt werden. Auch eine plastische Gestaltung (Kaschiertechnik, siehe Kapitel 3), ist denkbar.

Übung: Expressives Malen von vorn (en face)

Wie im Folgenden beschrieben wird, kann die Farbigkeit des Gesichtes auch von der natürlichen Farbe abweichen.

Durch die Technik der Fingermalerei ist man schon auf einen sehr unmittelbaren, gefühlsbetonten Weg der Porträtgestaltung geführt worden. Eine Gruppe von Künstlern, die Expressionisten, hat sich am Anfang des 20. Jahrhunderts intensiv mit diesem Weg, der in erster Linie den Ausdruck sucht, beschäftigt. Ihre vereinfachte Form und Farbgebung kann Anregung sein und den Weg zum Malen mit dem Borstenpinsel eröffnen.

In dieser expressiven Art kann man das eigene Gesicht auch einmal malen. Wenn Sie meinen, dass ein giftiges Grün als Gesichtsfarbe gut zu Ihnen passt und auch einen ausdrucksvollen Kontrast zu Ihren roten Lippen oder zu Ihrem rötlichen Haar bildet, dann setzen Sie es mutig ins Bild!

- Abtönfarben,
- verschieden breite Borstenpinsel,
- Untergrundpapier (Packpapier, weißes Papier) oder: Untergrundpappe (Wellkarton).

Nimmt man als Konturfarbe Weiß, ist ein dunkler Untergrund notwendig.

Abtönfarben (auch Vollton-, Dispersions- oder Wandfarben genannt) sind unter diesen Bezeichnungen im Handel erhältlich. Sie sind gebrauchsfertig, lassen sich mit Wasser verdünnen, untereinander vermischen und sind nach dem Trocknen wasserfest. Die Farben sind nicht gesundheitsschädigend.

Die Pinselpflege sollte grundsätzlich äußerst sorgfältig gehandhabt werden. Jeder Pinsel muss nach Gebrauch sofort gereinigt werden, da die Farbe sehr schnell antrocknet und der Pinsel dann unbrauchbar wird.
Pinsel sind immer mit den Haaren oder Borsten nach oben aufzubewahren. Sie dürfen nicht nach unten gestellt werden, da die Haare sonst brechen.

- Malen der Gesichtsform und der Gesichtsteile mit schwarzen Umrandungen (Konturen) und vereinfachten Formen;
- Ausgestaltung des Gesichtes mit individuellen Farben, es können Lieblingsfarben oder Farben, die bestimmte Gefühle ausdrücken, sein.

Diese ausdrucksstarke Malweise wird nicht nur von Künstlern verwendet, auch Kinder drücken sich in expressiven Farben und Formen aus. Welcher Mensch hat schon ein knallgelbes Gesicht mit grünen Gesichtszügen und trägt leuchtend blaue Haare? Mit dem Thema Selbstdarstellung findet man bei Kindern sicherlich großen Anklang.

Es hat den Kindern offensichtlich Spaß gemacht, sich selbst darzustellen und es sind frappierende Ähnlichkeiten zwischen den einzelnen Bildern festzustellen.

Selbstbildnisse

Übung: Expressives Malen: Das Profil

Eine weitere Anwendung des Themas „expressives Porträt" besteht darin, das eigene Profil in ausdrucksstarken Farben darzustellen. Das Profil wird mit einem Overhead-Projektor oder einer Lampe auf ein Papierblatt übertragen, indem das Gesicht von der Seite angeleuchtet wird und die Kontur auf dem Papier erscheint. Zu überlegen ist, ob dieses Profil nun ähnlicn wie in der vorhergehenden Übung mit Konturen gemalt und dann weiter mit dem Pinsel in expressiver Art ausgestaltet wird. Eine andere Technik ist zum Beispiel das Malen mit Wachsmalblöcken. Dieses Malen ist spontan und lässt sich ohne großen Aufwand durchführen. Der Wachsmalblock kann mit der ganzen Fläche oder nur mit der Kante aufgesetzt werden. Außerdem sind viele Techniken möglich, wie die Frottage und das Sgraffito (siehe Kapitel 3, S. 81).

Damit man sich ausmalen kann, ist es angebracht, eine freie Flächenaufteilung zu schaffen. Eventuell fügt man irgendwo ein persönliches gegenständliches Symbol ein, bleibt aber im Großen und Ganzen abstrakt.

- Große Papierbögen,
- Wachsmalblöcke und Stifte,
- Materialien zum Durchreiben (Frottage),
- Gegenstände zum Kratzen (Sgraffito),
- Kreppband zum Befestigen des Malblattes,

Schülerarbeit

- Blatt mit Kreppband an einer Wand befestigen;
- Overhead-Projektor oder Lampe aufstellen; wenn der Kopf überlebensgroß werden soll, muss die Lichtquelle einige Meter entfernt vom Blatt aufgestellt werden; der Kopf des Modells befindet sich etwa in der Mitte zwischen Blatt und Lichtquelle (an einer Schrankfront kann an mehreren Schattenprofilen gleichzeitig gearbeitet werden);
- Schattenprofil des Modells wird mit Bleistift von einem Partner nachgezeichnet;
- Kopf eventuell mit Wachsstift konturieren, auch Augen und Lippen zeichnen, die Augen können naturalistisch dargestellt werden, so wie man sie im Profil sieht oder sie werden von vorn gesehen und stilisiert (diese Art ist häufig bei ägyptischen Menschendarstellungen zu sehen);
- Kopf und Hintergrund gestalten;
- an einer Wand oder auf dem Boden arbeiten und den Kopf immer wieder aus der Entfernung betrachten.

Natürlich ist es auch reizvoll für Kinder, sich mit dem eigenen Profil zu befassen. Ältere Kindergartenkinder oder angehende Schulkinder können ihre großen Profile mithilfe der Kinderpflegerin ausschneiden. Jedes Kind soll nun in den Kopf einen Traum, seinen größten Wunsch, seine Gedanken oder vielleicht auch eine Kopflandschaft malen. Auch ein Spiel mit dem nur in einer Farbe (Lieblingsfarbe) ausgemalten Profil kann Spaß machen. Auf einem riesigen Blatt zum Beispiel Packpapier) können dann viele bunte Porträts als Collage aufgeklebt werden.

1.2.4 Spiel mit dem Profil

Eine gute Möglichkeit, sich selbst darzustellen, ist das „Spiel mit dem Profil". Das Profil kann auf unterschriedliche Materialien wie Papier, Holz oder Draht übertragen werden. Es wird entweder flächig oder räumlich gearbeitet.

Übung: Einfacher Scherenschnitt

Ursprünglich kommt der Scherenschnitt aus dem Orient und aus Ostasien. Der Schatten oder Umriß eines Gegenstandes oder einer Figur wurde dabei mit der Schere aus Papier ausgeschnitten. Das Umrissbild kann entweder aus hellem oder dunklem Papier geschnitten sein, das dann jeweils auf einem dunklen oder hellen Untergrund befestigt wird. Im 17. Jahrhundert kam diese Kunst, auch Silhouettenschnitt genannt, zusammen mit dem Schattenbild nach Europa. Später kamen ornamentale und farbige Wirkungen hinzu.

Mithilfe des Overhead-Projektors oder einer Lampe lässt sich das Profil durch Nachzeichnen des Schattens auf ein Blatt Papier übertragen. Aus diesem nicht zu dünnen Papier wird der Kopf ausgeschnitten und dient nun als Schablone. Er wird auf andere Papiere übertragen und dann ausgeschnitten.

Das Spiel mit dem Profil kann zunächst mit farbigen Köpfen stattfinden. Es sollten mindestens fünf Profile und nicht zu viele Farben sein. Zu überlegen ist, ob der Kopf mit der dazu gehörenden Frisur gezeigt wird, oder die nackte Kopfform, so als ob man eine Badekappe trüge.

- Overhead-Projektor, Lampe,
- einfaches Papier, Schablonenpapier, Tonpapiere (verschiedene Farben),
- Pappe als Untergrund,
- Kreppklebeband, 2B-Bleistift, Schere, Klebestift,
- Zeitungen.

- Farben (eventuell Lieblingsfarben) aussuchen, zum Beispiel verschiedene Blautöne oder Kontrastfarben (wie die drei Grundfarben oder Komplementärfarben gelb/violett, blau/orange, rot/grün) oder den starken Hell-Dunkel-Kontrast schwarz/weiß;
- mit den ausgeschnittenen Köpfen eine Ordnung erspielen, dabei immer auf die eigentliche Kopfform und die Formen, die sich auf dem Untergrund ergeben, achten (Positiv-/Negativformen);
- werden Köpfe nebeneinander geschichtet, wie bei Spielkarten in der Hand, braucht nur der letzte obere Kopf ganz ausgeschnitten zu werden;
- die vielen Möglichkeiten einer Anordnung sollen hier nicht beschrieben werden, es ist viel interessanter, sie selbst herauszufinden;
- manchmal ist auch das gut zu gebrauchen, was man wegwerfen wollte, etwa die Negativform, die entsteht, wenn der Kopf aus dem Papier ausgeschnitten wird.

- erst wenn eine befriedigende Anordnung gefunden wurde, das Papier aufkleben;
- es ist sinnvoll, die ausgeschnittene Kopfform jeweils auf Zeitungspapier zu legen, um den Rand mit dem Klebestift gut einstreichen zu können;
- eine Möglichkeit, das Spiel noch interessanter zu gestalten, ist die Verkleinerung von Köpfen mit dem Kopiergerät.

Mit dem einzelnen Porträt oder auch mehreren ausgeschnittenen Profilen lassen sich sehr gut Gefühle wie Trauer, Freude oder Zorn darstellen, indem man die entsprechenden Farben und Haltungen wählt. Ebenso eignen sich Begriffe wie Freundschaft oder Liebe. Durch Hinzufügen von ausgeschnittenen Händen läßt sich der Ausdruck noch steigern. Das mutige Zerschneiden des Kopfes (Zorn) kann ein weiteres Gestaltungselement sein.

Übung: Spaltschnitt

Ein Profilkopf aus schwarzem Papier ist in der Technik der Verzerrung besonders ausdrucksvoll. Der Kopf wird mehrfach gespalten, die Teile werden auseinandergezogen und aufgeklebt. So erscheinen Kopf und Hals sehr lang, beziehungsweise breit gezogen und dadurch verfremdet. Man kann einen lebensgroßen Kopf oder zwei oder mehrere verkleinerte Köpfe nehmen.

- schwarzes, dünnes Papier (Schwarzpapier),
- weißes Untergrundpapier
- Schere, Kleber.

- den vorliegenden Kopf durch verschiedenartige Schnitte verändern, wie bogig, gewellt, gezackt, oder gerade.

  Als Beispiel siehe folgende Skizzen:

- auf eine Art des Schneidens beschränken;
- aus der freien Hand schneiden, um die Spontanität zu erhalten;
- die enstandenen Einzelformen so lange hin- und herschieben, bis eine befriedigende Anordnung entstanden ist; bei diesem Vorgang ist das Verändern der Zwischenräume besonders interessant; das Motiv erhält durch die kleinste Verschiebung einen anderen Ausdruck.
- bei dieser Übung ist es besonders wichtig, dass nichts weggenommen, nichts hinzugefügt und nichts vertauscht wird; geklebt wird erst, wenn die Anordnung zufriedenstellend ist.

Dieses Thema eignet sich nur für Kinder ab dem fünften Lebensjahr, die dann das Profil auf einfache Art zerschneiden, zum Beispiel nur in Längsrichtung. Es ist angebracht, die einzelnen Teile auf der Rückseite zu nummerieren, damit sie leichter in der richtigen Reihenfolge aufzukleben sind.

Spaltschnitt, Schülerarbeit

Übung: Collage

Auch die Collage ist eine Technik, die sich für eine Selbstdarstellung, in deren Mittelpunkt das Profil stehen kann, recht gut eignet. Das Wort kommt aus dem Französischen und bedeutet Klebebild. Grundsätzlich können die verschiedenartigsten Materialien für eine Collage verwandt werden. Die Skala reicht von den verschiedenen Papier- und Papparten bis hin zu Natur-, Textil- oder Kunststoffmaterialien. Auch Dinge, die man im Alltag findet (Abfallmaterialien aller Art) oder Souveniers aus dem Urlaub können Anreiz zur Gestaltung einer Collage sein. Die Collage kann eine Vielfalt von Oberflächenstrukturen aufweisen. Oft bietet es sich an, eine Klebearbeit mit verschiedenen Mal- oder Zeichentechniken zu ergänzen.

Es geht um die Auseinandersetzung mit der eigenen Persönlichkeit. Da ist es ratsam, sich zunächst einmal klar darüber zu werden, welche Möglichkeiten der Selbstdarstellung überhaupt bestehen.

In der Form eines Mandala (ein Mandala ist eine Kreisform) ist das gut möglich:

Vervollständigen Sie den Kreis, indem Sie andere Möglichkeiten notieren. Nun suchen Sie den Punkt aus, der Sie am meisten betrifft. Vielleicht sind Sie ja gerade verliebt. Dann ist dies natürlich ein Thema von großem Interesse.

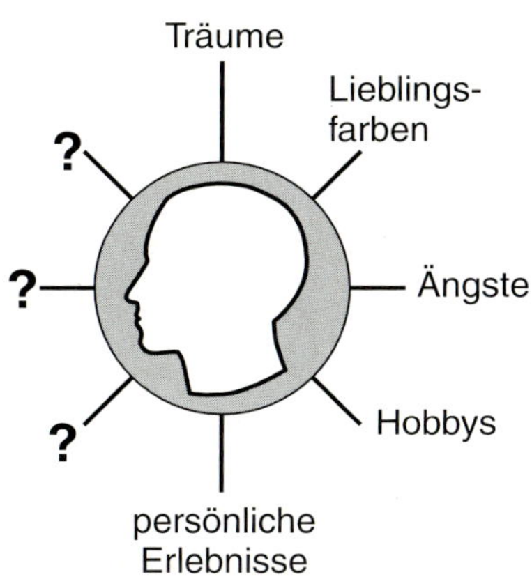

- Karton für die Unterlage (ungefähr 60 x 80 cm);
- Papiere, Pappen aller Art: Seiden-, Bunt-, Krepp-, Packpapiere, Briefumschläge, Wellpappen, bedruckte Papiere von Illustrierten, Prospekten, Zeitungen, Bonbons, Apfelsinen;
- Naturmaterialien: getrocknete Blätter, Baumrinden, Muscheln;
- Textilien: verschiedene Stoffe, Fäden, Wolle, Bordüren, Knöpfe, Reißverschlüsse, Schnallen;
- Abfallmaterialien: Reste vom Anspitzen eines Bleistiftes, Stanzabfälle, Styroporreste, Dinge, die man auf der Straße findet;
- persönliche Sachen: Fotos, alte Fahrkarten, Eintrittskarten,
- Zeichen- und Malmaterialien,
- Untergrundpappen (Wellkartonreste werden von Kartonherstellern manchmal umsonst abgegeben);
- Scheren, Teppichmesser, Kleber.

- Untergrund für die Collage wählen;
- lebensgroßes ausgeschnittenes Profil des Kopfes gut platzieren;
- Materialien, die das ausgewählte Thema verdeutlichen, bereitlegen und durch Hin- und Herschieben eine gute Anordnung finden;
- Teile im Kopf und auf dem Untergrund frei gestalten;

Eine andere Variante besteht darin, den Profilkopf komplett mit ausgeschnittenen Teilen auszufüllen. Jemand, der Schuhe liebt, füllt ihn vielleicht mit Schuhabbildungen (Illustriertenmaterial) aus. Diese Idee ist dem italienischen Maler Arcimboldo († 1593) nachempfunden. Er malte Porträts, die nur aus Früchten oder Gegenständen zusammengesetzt waren. Sie ermöglichten es, den Porträtierten zu charakterisieren. Erst wenn die Anordnung befriedigend ist und Uberflüssiges weggenommen wurde, alles aufkleben. Bleibt viel Untergrund frei, kann mit Malen und Zeichnen Verbindung geschaffen werden (Mischtechnik).
Als zweite Variante kann die Verwendung von Wellkarton dienen (Verpackungsmaterial bei großen Geräten, im Inneren enthält es Wellpappe). Wellkarton ist häufig gut klappbar, man kann auch vorsichtig Schnitte mit dem Teppichmesser machen. Dann sollte man den Karton nach vorn oder nach hinten klappen, sodass ein räumliches Gebilde entsteht. Die Klappteile bieten sich für spezielle Gestaltungsmöglichkeiten an (siehe Triptychen, S. 12). Der Wellkarton lässt sich auch sehr gut bearbeiten, etwa durch Aufreißen der Oberschicht oder durch Hineinstechen mit einem spitzen Gegenstand. Die Wellpappenschicht wird auf diese Weise sichtbar. Außerdem eignet sich die bräunliche Farbe des Kartons hervorragend für farbige Gestaltungen. Auch Kartons, die man aufklappt, bilden eine dreigeteilte Form, die viel Anreiz zur Gestaltung gibt. Interessant sind auch flache Kartons, in denen Bilder oder Kalender eingepackt waren. Außen- und Innenteile bieten sich für spezielle Themen der Selbstdarstellungen an.

Schülerarbeit

Natürlich ist es nicht notwendig, immer das Profil mit einzubeziehen. Freie Collagen, in denen ein Lieblingsthema dargestellt wird, sind genauso lohnend.

Übung: Sperrholzobjekte

Eine reizvolle Aufgabe im Bereich der Profilgestaltung ist die Herstellung von Sperrholzobjekten. Sperrholzplatten haben in den meisten Fällen eine ausdrucksvolle **Maserung,** die sehr gut mit in die Gestaltung einbezogen werden kann. Schöne farbige Wirkungen lassen sich durch Färben mit Holzbeizen erzeugen. Viele der flächigen Anordnungsmöglichkeiten, die bei den Papierschneidearbeiten ausprobiert wurden, können jetzt angewendet werden. Räumliche Arbeiten kommen in Betracht. Außerdem kann die Sperrholzplatte nur als Untergrund benutzt werden, auf den dann ein Drahtprofil gesetzt wird.

Gestaltung eines Sperrholzprofils

Zunächst wird eine flächige Gestaltung durchgeführt, bei der die Maserung der Sperrholzplatte in die Gestaltung einbezogen wird. Zu überlegen ist, ob das Profil ausgesägt und dann im Ganzen mit den sehr schön ineinanderlaufenden Beizen (Wasserfarben!) bemalt wird. Die andere Möglichkeit ist, den naturbelassenen Kopf entlang den Maserungslinien zu zersägen, sodass ein Puzzle entsteht.

- Sperrholzplatten (vom Holzhändler, Baumarkt);
- Laubsäge, Sägeblätter (mittlere Stärke), Spitzbohrer (fein);
- Schmirgelpapiere (feinkörnig), Lappen, Rossharrbürste zum Staub entfernen);
- Holzbeizen (in Holzfarbe oder farbig), Deck-, Holzfarben, Lack;
- Grundierung, Wachs;
- Holzleim, Zwingen.

- Sperrholzplatten nach Maserung sichten;
- auf der Platte Entwurf anfertigen;
- Teile mit Laubsäge aussägen (wichtig: die Zähnchen des eingespannten Sägeblattes müssen immer nach unten zeigen);
- Sägekanten der Teile leicht schmirgeln;

- Teile entweder im Holzton belassen und mit Bienenwachs einreiben oder farbige Gestaltung mit Beizen, Deck- oder Holzfarben;
- eventuell grundieren und mattieren (siehe 3. Kapitel – Holz).

Der Kopf kann auch in geometrische Formen zersägt und dann in seinen Einzelteilen auf die Untergrundplatte aufgeleimt werden;

Andere Möglichkeiten bestehen darin, räumlich zu arbeiten. So können mehrere Köpfe verschiedener Größe übereinandergeleimt oder mit Schrauben verbunden werden (Bewegung!). Einen Positiv- oder Negativeffekt erzielt man durch das Heraussägen des Profils aus einer Sperrholzplatte (mit Spitzbohrer Loch vorbohren). Dann die beiden Kopfformen einander zuordnen.

Eine noch stärkere räumliche Wirkung wird erzielt, wenn die ausgesägten organischen oder geometrischen Teile auf unterschiedlich hohe Rundholzstücke geleimt werden. Es entsteht dann eine Arbeit mit verschiedenen Höhen. Vielleicht wird auch noch ein Arm oder eine Hand zerlegt und dem Kopf zugeordnet.

Gestaltung eines Drahtprofils

Es ist auch möglich, die Sperrholzplatte nur als Untergrundplatte zu verwenden,die dann bemalt oder beklebt wird. Das aus Draht nachgeformte Kopfprofil wird nun so angebracht, dass es senkrecht auf der Platte steht. Verdrahtungen im Kopf lockern die Arbeit auf, eingehängte Teile bringen Bewegung hinein. Mehrere Profile nebeneinander angebracht können vielleicht mehrere Eigenschaften einer Person verdeutlichen.

1.2.5 Gipsarbeiten

Übung: Gipsmaske

Durch die Sperrholzarbeiten sind räumliche Objekte angesprochen worden. Nun stellt das Modellieren des Gesichts mit Gips eine gute Einführung in den Bereich des plastischen Gestaltens dar.

- Gipsbinden (Reste sind vom Hersteller preiswert beziehbar);
- Band zum Zurückbinden der Haare;
- kleine, dünne Papierteile zum Abdecken der Augen und des Mundes;
- Vaseline;
- Gummibecher mit Wasser, alte Schere;
- alte Zeitungen als Arbeitsunterlage.

- Vorrat an Gipsbindenstücken schneiden, Gummitopf mit Wasser bereitstellen;
- Haare zurückbinden;
- Gesicht dick mit Vaseline einreiben;

- Augen und Mund mit einem hauchdünnen Stück Papiertaschentuch abdecken;
- Gipsbindenstücke durch das Wasser ziehen und in zwei Schichten auf dem Gesicht modellieren;
- Teile sorgfältig der Gesichtsform anschmiegen besonders bei Mund und Augen);
- Augen können auch ausgespart werden;
- Nasenlöcher unbedingt freilassen;
- nach wenigen Minuten ist die Maske abnehmbar;
- zur Lockerung vorsichtig Grimassen ziehen;
- Rand der abgenommenen Maske mit schmalen Gipsstreifen stabilisieren;

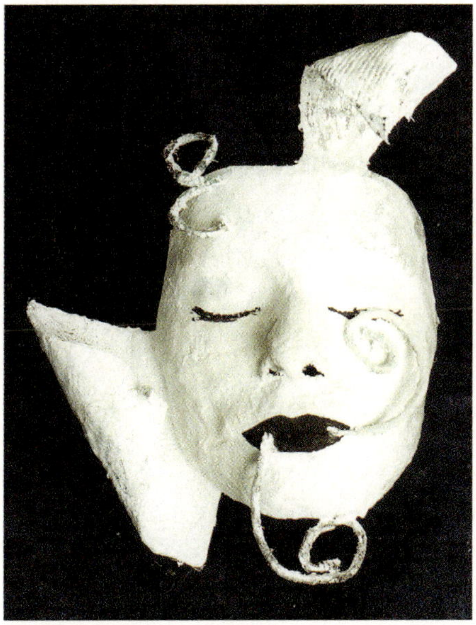

Gipsmaske, Schülerarbeit

Wenn man die Maske noch dekorieren möchte, kann man sie weiterbearbeiten, indem zum Beispiel weitere Gipsbinden reliefartig aufgetragen werden. Das mit Gips getränkte Gewebe lässt sich durch knüllen, schieben oder rollen unterschiedlich verformen.
An der Maske können auch Pappteile aufgebracht werden, die dann mit Gipsbinden überzogen werden. So entsteht ein eindrucksvoller Kopfputz. Die Maske ist häufig ohne Bemalung am ausdrucksvollsten. Wenn man die Maske bemalen möchte, empfiehlt es sich, Farben zu nehmen, die stark mit Wasser verdünnt sind (normale Deckfarben), sodass die Struktur der Gipsbinden zum Vorschein kommt.

Bei Kindern ist es bis zu einem Alter von fünf bis sechs Jahren angebracht, wenn man eine Augen- oder Halbmaske (nur ein Teil der Nasen- und Wangenpartie wird mitgeformt) vom Gesicht abnimmt. Diese können die Kinder mit Pappteilen, Federn und anderem sehr schön dekorativ gestalten. An den beiden Seiten wird ein Loch gebohrt, durch das ein Hutgummi gezogen wird (siehe Kapitel 3.6.2).

Da Kinder manchmal Angst bekommen, wenn eine Gipsmaske gemacht wird, sollte die Herstellung auf freiwilliger Basis geschehen.

Die Masken oder Halbmasken können im Karneval oder sehr gut beim Theaterspiel eingesetzt werden (zum Beispiel Schwarzlichttheater). Allerdings müssen sie dann mit einer weißen Schicht überzogen werden, die im Schwarzlicht weiß leuchtet. Das Weiß des Gipses leuchtet nicht.

Eine weitere Variation ist das „Ein-Mann-Maskentheater". Eine Person kann ein Stück mit vielen Figuren spielen, indem sie sich immer wieder andere an einem Stock befestigte Halbmasken oder Ganzmasken vorhält.

Übung: Gipskopf

Aus der Gipsschale kann durch Hinzufügen einer Schädelschale ein Kopf modelliert werden. Bei dieser Übung werden die Fähigkeiten im Umgang mit dem Material Gips vertieft. Dazu wird das plastische Gestalten erweitert: Der Schalenplastik folgt die Vollplastik.

- Gipsmaske (siehe vorige Übung);
- Schädelschale;
- Gummigefäß;
- Gipsbinden;
- Gipspulver (ist in Baumärkten oder im Baustoffhandel erhältlich);
- Nägel, Stoffe und andere Materialien zur Verfremdung.

- Schädelschale von einem Styroporkopf (Schaufensterkopf) abnehmen oder Schädelschale am eigenen Kopf gestalten (dabei wegen der Haare Badekappe aufsetzen und mit Gips arbeiten);
- Gipsmaske und Schädelschale innen mit Vaseline ausfetten, dadurch lässt sich der Gipskopf leicht von den Schädelteilen lösen;
- beide Teile mit Gipsbinden verbinden;
- Poren und Löcher zugipsen;
- die so gewonnene Kopfhälfte mit Wasser ausgießen (Test für das Wassermaß des Gipsbreis);
- Gips anrühren (abgemessenes Wasser in ein Gummigefäß gießen – Gips einstreuen, bis kleine Erhebung auf der Wasseroberfläche zu sehen ist – umrühren);
- Kopf mit angerührtem Gips ausgießen;
- wenn der Gips abgebunden hat, Gipsschale abnehmen;
- Kopf mit Schmirgelpapier nachbehandeln;
- eventuell Gipskopf bemalen.

Durch Einbeziehung weiterer Materialien kann ein solcher Kopf verfremdet werden. Das geschieht zum Beispiel durch Einschlagen von Nägeln, Drapieren von Stoffen, Hinzufügen von Naturmaterialien usw. Wirkungsvoll ist auch ein Zersägen des Kopfes, wobei fremde Materialien zwischen die Teile gefügt werden können.

Übung: Gipsplastik über Drahtgerüst

Jeder Mensch liebt andere Bewegungsformen. Der eine bevorzugt eine tänzerische Bewegung, der andere kraftvolle sportliche Bewegungen, zum Beispiel eine Laufbewegung. Ein Dritter fühlt sich eher im sitzenden oder liegenden Ruhestand wohl. Eine sehr schöne Möglichkeit eine persönliche Bewegung oder Haltung ausdrucksvoll zu zeigen, ist die Gestaltung einer Gipsplastik über einem Drahtgerüst. Die Figur soll ungefähr 24 cm groß werden.

- Drähte (gebündelt erhältlich); besonders geeignet ist Kupferschweißdraht; Stärke: kleinere Objekte bis 0,3 mm, bis 30 oder 40 cm Höhe 4-5 mm;
- Blumendraht;
- Rundzange;
- Krampen;
- Holzbrett;
- Gipsbinden.

- auf DIN-A4-Papier Skizze einer ausgewählten Bewegung anfertigen;
- aus etwas stärkerem Draht Gerüst der menschlichen Figur biegen; zwei Drähte mit Blumendraht zusammenbinden; sie bilden Beine, Rückgrat und Kopföse (Öse mit Rundzange biegen); für die Arme durchgehendes Stück nehmen und mit Blumendraht festbinden (über Kreuz gelegt);
- Winkel der Füße mit Krampen auf Holzbrett befestigen;
- Brettchen und Figur mit Gipsbinden überziehen; sehr ausdrucksvoll wird die Figur, wenn Gipsstreifen an manchen Stellen herabhängen und so Kleidungsstücke bilden.

1.2.6 Darstellung des ganzen Körpers

Die Darstellung des eigenen Körpers ist eine gute Gelegenheit, sich selbst kennenzulernen. Hier bietet es sich an, eine Umrissfigur zu gestalten, mit der dann das eigene Wesen ausgedrückt werden kann. Die Auseinandersetzung mit dem eigenen Körper macht auch seine Maße deutlich. Deshalb liegt es nahe, sich mit dem Kanon des Körpers zu befassen.

Übung: Umrissfigur

In der Anfangsphase – beim Kennenlernen – wird die Figur so gearbeitet, dass man sich damit vorstellen kann. Name, besondere Eigenschaften, Merkmale, Hobbys werden deutlich. Besonders wichtig ist die eingenommene Haltung.

Eine geeignete Technik ist für den Anfang das Arbeiten mit Wachsmalblöcken. Die Technik ermöglicht viel Spontaneität. Sie wurde bereits in der Übung „Expressives Malen im Profil“ beschrieben. Tapeten- oder Papierrollen (in Druckereien gibt es aussortierte Rollen umsonst) müssen vorhanden sein.

- Tapeten- oder Papierrollen;
- Bleistift;
- Wachsmalblöcke;
- Klebeband.

- zunächst großes Blatt auf den Boden auslegen (falls Papierrollen zu schmal sind, zwei Bahnen aneinanderkleben);
- auf das Papier legen (Rücken-, Bauch- oder Seitenlage) und eine Haltung einnehmen, die der eigenen augenblicklichen Befindlichkeit Ausdruck verleiht;
- die Umrisse werden von einem Partner mit dem Bleistift nachgezeichnet (den Bleistift senkrecht halten);
- die nun entstandene Figur durch vielfältiges Ausprobieren der Wachsmalblöcke in der Technik der Frottage (Rubbeltechnik) gestalten; häufig bietet sich die Fußbodenstruktur für eine großzügige Frottage des Hintergrundes an; ansonsten können Tapetenmuster, grobstrukturierte Stoffe, Holzmaserungen usw. zu Hilfe genommen werden; man sollte auch die Kratztechnik (s. S. 80) ausprobieren.
- Gestaltung des Gesichtes.

Haben Sie sich vorher mit Porträtübungen befasst, wird es Ihnen nicht mehr so schwer fallen, die richtigen Proportionen zu finden.

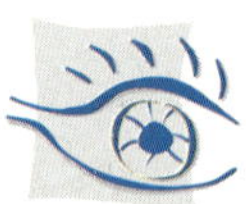

Eine weitere Möglichkeit bewegliche Großfiguren zu erhalten ist es, die Figuren auszuschneiden. Es empfiehlt sich, sie dann auf eine große Pappe, zum Beispiel die Verpackung von Waschmaschinen, aufzukleben und mit der Pappschere auszuschneiden. Die Umrisszeichnung kann auch gleich auf der Pappe gemacht werden. Es folgt dann das Anmalen mit Abtönfarben oder das Bekleben mit verschiedenen Materialien (Collage). Nun sind transportable Figurinen entstanden, mit denen man zum Beispiel Theater spielen oder einen Raum dekorieren kann.

Bei einer Selbstdarstellung ist es angebracht, sich nach der mehr oder minder spontanen Tätigkeit noch einmal reflektierend mit der Arbeit auseinanderzusetzen und sich einige Stichpunkte aufzuschreiben. Sowohl die inhaltliche als auch die formale Seite sollte angesprochen werden. Gliederungspunkte einer solchen Reflexion können zunächst allgemeiner Art sein wie zum Beispiel:

- Ausdruck, Haltung (was wird von mir deutlich?);
- Formen, Farben (welche Besonderheiten sind vorhanden?);
- Technik (welche Techniken habe ich angewandt?);

Außerdem kann man sich Gedanken zu den einzelnen Partien des Körpers machen:

- Kopf (Welche Gedanken habe ich?);
- Herz (Was sind meine Gefühle?);
- Arme/Beine (Welche körperlichen Betätigungen übe ich aus?);
- Bauch (Was schlägt mir auf den Magen? Was tue ich aus dem Bauch heraus?)

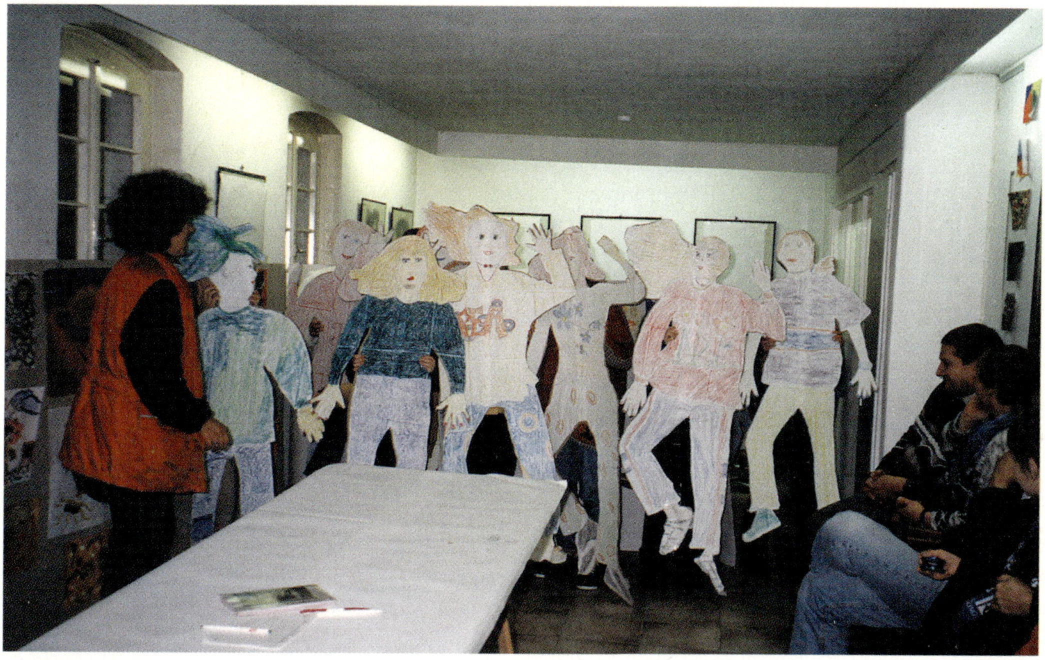

Kinderarbeiten

Übung: Idealmaße (Kanon) des menschlichen Körpers

Nach der Gestaltung von Großfiguren macht es Sinn, sich einmal näher mit den Proportionen des eigenen Körpers zu befassen. Man wird dabei feststellen, dass der Kopf acht mal in den Körper passt oder dass man bei gerader Haltung nur noch eine Handlänge braucht, um das Knie mit der Hand zu erreichen.

Idealmaß des menschlichen Körpers

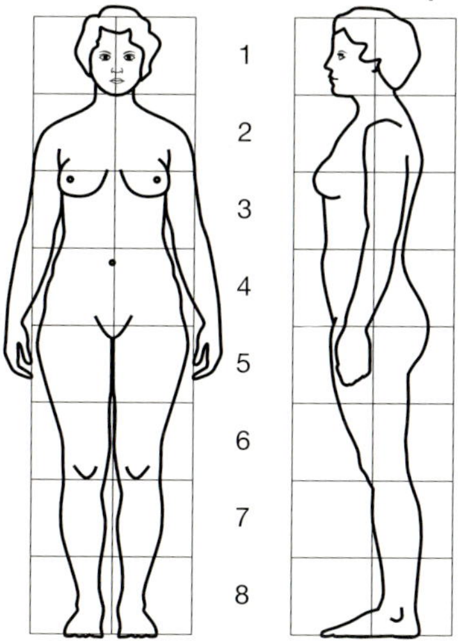

- Rechenpapier (kariert),
- Bleistift,
- Druckknöpfe.

- auf einen Rechenbogen nebeneinander zweimal acht gleich große Kästchen zeichnen, (Maß des Kopfes 5 x 5 Rechenkästchen, siehe Abbildung);
- mit dem Bleistift Figuren von vorn und von der Seite zeichnen;
- häufige Fehlerquelle: zu kleine Hände (wenn eine Hand vor das Gesicht gehalten wird, bedeckt sie die gesamte Gesichtsfläche).

Wenn die vom eigenen Körper erstellte Großfigur verkleinert und auf DIN-A4-Format gebracht wird, erhält man eine Skizze für eine kleine Tonfigur und kann sich selbst in einer typischen Haltung als plastische Figur darstellen. Eine „Druckknopffigur" bietet eine Erleichterung, mit der die Bewegungsmöglichkeiten des eigenen Körpers verdeutlicht werden können. Diese Figur ist mittels eingearbeiteter Druckknöpfen in den Gelenken beweglich und kann so verschiedene Positionen einnehmen, die nachgezeichnet werden können. Danach wird die gezeichnete Figur verfeinert nachgezeichnet und kann auch „angezogen" werden.

„Bewegliche Figur"
aus Pappe und Druckknöpfen

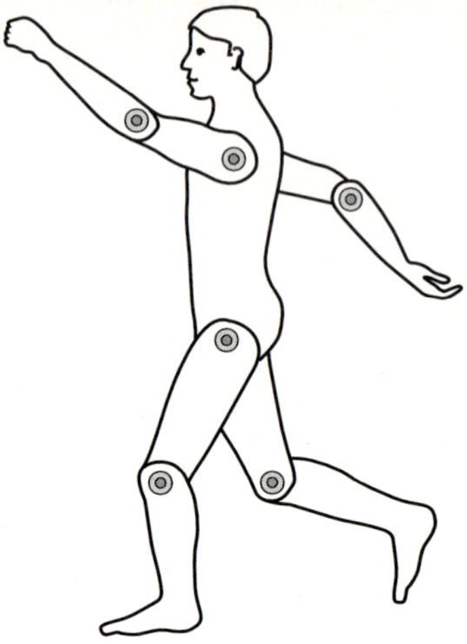

1.3 Die freie Selbstdarstellung

1.3.1 Namensgestaltung

Neben der Abbildung des Gesichts oder des Körpers gibt es noch viele andere Möglichkeiten zur Selbstdarstellung. Die eigene Person kann zum Beispiel durch die Gestaltung eines Namensschildes, durch Kennenlernspiele, durch verschiedene Objekte zur Kindheitsverarbeitung oder auch durch die Gestaltung von persönlichen Bilderbüchern dargestellt werden.

Übung: Gestaltung eines persönlichen Namensschildes

Der Beruf der Kinderpflegerin bringt es mit sich, dass man sich immer wieder neuen Menschen vorstellen muss, entweder den Klassenkameradinnen, später den Mitarbeitern oder den Kindern. Das gegenseitige Kennenlernen kann zum Beispiel im Spiel geschehen, aber auch in Gesprächen, durch Selbstdarstellung beim Zeichnen oder Malen mit verschiedenen Techniken und Farben.
Etwas sehr Persönliches ist der eigene Name. Ein Namensschild bietet eine gute Möglichkeit, sich selbst dar- und vorzustellen. Am einfachsten ist es, sich zunächst nur mit dem Vornamen zu beschäftigen. Der Name sollte gut lesbar sein und etwas typisches der Person zum Ausdruck bringen. Auch der Sinn des Namens ist wichtig. Wenn jemand zum Beispiel „Elena" (italienische Form von Helene) heißt, was „die Leuchtende" bedeutet, so könnte der Name in hellen, strahlenden Tönen gearbeitet werden.

Bei der Gestaltung gibt es verschiedene Möglichkeiten:

- Entwicklung des Namenszuges aus der eigenen Handschrift oder aus der Blockschrift;
- Darstellung von Lieblingsbeschäftigungen (Tiere, Sport, Bücher);
- Verwendung von Lieblingsfarben;
- Anwendung bekannter Techniken wie Deck- oder Wasserfarbenmaltechnik;
- Zeichnen mit verschiedenen Stiften und Kreiden;
- Malen mit Wasserfarben oder Tuschen;
- Erweiterung dieser Möglichkeiten durch Mischen verschiedener Techniken, zum Beispiel in eine Wasserfarbenmalerei mit Blei- oder Wachsstiften hineinzeichnen oder Seidenpapierteile bzw. Zeitungspapierteile hineinkleben.

Man braucht dazu folgende Materialien:

- Lineal, Schere,
- Bleistift, Kugelschreiber, Buntstifte, Filzstifte, Wachsmalkreiden, Pastellkreiden, Oelkreiden, Jaxonkreiden, Deckfarben, Tuschen, Pinsel,
- Papiere von Illustrierten, Süßwaren, usw.,
- Stoffreste,
- Klebstoff,
- stärkerer Zeichenkarton, ungefähr DIN-A4,
- alte Zeitungen zum Unterlegen bei Kreide- und Deckfarbenarbeiten,
- Falzbein (zum Falzen von Tonpapieren und Karton, zum Falten bei Faltarbeiten; Falzbein aus Naturbein ist im Handel in spitzer und runder Ausführung erhältlich).

- Skizze für Namenszug anfertigen;
- Kartongröße zuschneiden, Format ungefähr DIN-A4;
- Längs- oder Querformat wählen;
- die Hälfte (Mitte) ausmessen und mit Falzbein am Lineal entlang Falz ziehen;
- eine Hälfte des Kartons herüberklappen (Falz auf Unterseite) und mit Falzbein über Knickkante ziehen; Schild kann wie ein Dach aufgestellt werden;
- rechteckige Form eventuell verändern durch:
- Abrunden der Ecken, Umriss einer Tier- oder Pflanzenform, eines Gesichtes, zum Beispiel des eigenen Profils;
- Namenszug mit Bleistift dünn aufzeichnen;
- Name in gewählter Technik farbig gestalten.

Wenn die fertigen Namensschilder aufgestellt werden, ist es interessant, Vergleiche zu ziehen: Jeder hat seine persönliche Note verwirklicht. Strenge Schriftzüge stehen neben verschnörkelten. Starke, kontrastreiche Farben stehen neben einer Gestaltung mit zarten Pastelltönen. Der eine mag das Sachlich-Konstruierte, der andere bevorzugt etwas Romantisches oder Fröhliches. Durch die Arbeiten der Mitschülerinnen lernt der Einzelne auch neue Techniken kennen, da jeder nach seinen Vorerfahrungen bestimmte Techniken benutzt hat. Die Rückseite des Schildes bietet weitere Gestaltungsmöglichkeiten. Hierfür kann man sich verschiedene Spiele ausdenken, etwa ein Namensspiel. Die Buchstaben können zum Beispiel in einem Urwald versteckt sein.

Schülerarbeit

Übung: Monogrammgestaltung

Eine weitere Möglichkeit, die Rückseite eines Namensschildes zu gestalten, ist das Entwerfen eines Monogramms, das die Anfangsbuchstaben des Namens enthält. Ein solches Namenszeichen kann natürlich auch ganz unabhängig vom Namensschild entworfen werden. Es kann dann als Briefkopf oder zur Kennzeichnung von Büchern (ein solches künstlerisches mit Namen und/oder Wappen des Besitzers versehenes Bucheignerzeichen nennt man Exlibris) oder sonstigen Eigentums wie Kassetten oder CD's verwendet werden.

Wie das Namensschild sollte das Monogramm Persönliches zum Ausdruck bringen. Als Zeicheninstrument bietet sich ein schwarzer Filzschreiber an. Das Monogramm kann dann sehr gut kopiert, im Falle der Verwendung für einen Briefkopf auch verkleinert, auf einen Briefbogen aufgeklebt und vervielfältigt werden.

Übung: Piktogramm

Ein Piktogramm (Begriffssymbol) ist ebenfalls gut geeignet, die eigene Persönlichkeit darzustellen. Piktogramme sind uns aus der Werbung bekannt. Wir finden sie auch in der Sportwelt. Dabei wird eine bestimmte Sportart durch ein Zeichen sehr vereinfacht dargestellt, wie zum Beispiel Fußball:

Finden Sie Ihr persönliches Zeichen. Es kann Ihren Beruf oder Ihr Hobby darstellen. Als Technik bietet sich ein Scherenschnitt an, als Material schwarzes, dünnes Tonpapier und Scherenschnittpapier (Schwarz-Weiß-Kontrast). Ihren Bleistiftentwurf übertragen Sie mit weißem Pauspapier (gibt es im Fachhandel). Noch interessanter wird es, wenn das Piktogramm mit wenigen Farben gestaltet wird. Es ist wichtig, dass das Zeichen deutlich und klar ist, Originalität besitzt und sauber geschnitten ist. Ein solches Piktogramm ist vielseitig einsetzbar, etwa als Briefkopf oder als Zeichen auf Ihrem Praxistagebuch.

1.3.2 Kennenlernspiele

Die Namensschilder sagen schon viel über ihren Besitzer aus. Weitere Übungen können den Einzelnen für seine eigene Ausdrucksmöglichkeit sensibilisieren.

Übung: Malen mit Lieblingsfarben und -formen

Jeder Mensch bevorzugt bestimmte Formen: Der eine liebt eckige Formen wie Quadrate und Rechtecke, der andere runde Formen, zum Beispiel den Kreis oder organische Formen wie die Nieren- oder Tropfenform. Auch bei den Farben gibt es Geschmacksunterschiede.

Es werden Gruppen von drei oder vier Personen gebildet, die jeweils um einen quadratischen Tisch herumstehen. Bei der gemeinsamen gestalterischen Arbeit kommuniziert man auch verbal (mündlich) miteinander.

- große Papierbögen, Makulaturpapier, Tapetenrollen, Packpapier vom Meter; eventuell auf gewünschte Form zusammenkleben,
- Abtönfarben (nur die drei Grundfarben),
- Borstenpinsel (verschiedene Stärken),
- Teller, Wassergläser.

- zunächst stehen die geometrischen Formen Viereck, Dreieck, Kreis zur Auswahl;
- jeder wählt davon die Form, die er am liebsten mag;
- jeder Gruppenteilnehmer gibt eine der drei Grundfarben auf seinen Malteller, dann malt er die von ihm gewählte Form auf den Malgrund.
- es wird nacheinander gemalt, sodass jeder Teilnehmer die entstandene Arbeit wieder ergänzt;
- durch Überschneidungen der Farben entstehen Mischfarben;
- die Aufgabe kann variiert werden, indem geometrische und organische Formen oder auch nur organische Formen verwendet werden.

Nach Fertigstellung des „Gemeinschaftswerkes“ findet ein Gespräch statt, in dem die Beteiligten mitteilen, wie der Gruppenprozess abgelaufen ist und ob es irgendwo Schwierigkeiten gegeben hat. Bei dieser Aufgabe wird die Kommunikation gefördert und elementare Kenntnisse der Formen- und Farbenlehre werden aufgefrischt. Es wird deutlich, wie der Einzelne sich gibt, zur Arbeit steht und welche Farb- und Formvorlieben er hat.

Dieses Thema lässt sich sehr gut mit Kindern ab einem Alter von etwa fünf Jahren durchführen.

Die Kinder können auch versuchen, ihr „Gemeinschaftswerk“ zu beurteilen, eventuell die entstandenen Mischfarben zu bestimmen und die Formen zu benennen.

1.3.3 Mandalamalen

„Mandala“ ist das altindische Wort für Kreis. Es ist ein uraltes Meditationszeichen, das in vielen Kulturen auftritt. Auch in der christlichen Tradition ist es sehr bekannt. In gotischen Kirchen kann man es in den runden Fenstern (Fensterrose), die sich von den Spitzbogenfenstern abheben, bewundern. Diese Form der Mitte (das Mandala besitzt meistens einen Mittelpunkt), die man auch häufig in der Natur findet, zum Beispiel bei Blüten, kann helfen, sich selbst auf meditative Weise kennenzulernen.

Jeweils drei bis vier Personen stehen um einen Tisch herum. Eine ruhige Musik erklingt. Es wird ganz frei ohne Vorgabe eines Themas gearbeitet. Die Teilnehmer sollen sich nicht miteinander unterhalten, denn es handelt sich um eine Arbeitstechnik, bei der es auf absolute Ruhe ankommt. Es ist dafür zu sorgen, dass während des Malens keinerlei Störung erfolgt.

- Jaxonkreiden (Ölkreiden) oder Wachsmalkreiden,
- Packpapier (großformatig),
- Bleistift am Faden, Heftzwecke, Leisten (zur Bestimmung der Länge der Quadratdiagonale),
- Klebeband.

- Schneiden eines großen Packpapier-Quadrates, dabei die Mitte festlegen;
- Faden mit Heftzwecke im Mittelpunkt befestigen und mit Bleistift einen Kreis ziehen (da man nicht immer einen großen Zirkel zur Hand hat, ist dies eine einfache Möglichkeit);
- sobald die Musik ertönt, wird der Mittelpunkt mit Kreide betont, und das schweigsame Arbeiten beginnt.

Im Gruppengespräch wird über die Erfahrungen und Empfindungen des Einzelnen berichtet. Dabei treten seine Farb- und Formvorlieben zutage.

Das Mandala-Malen kann auch einen thematischen Anstoß bekommen. Es kann zum Beispiel dazu dienen, Gefühle und Erlebnisse, die man während seiner Praktikumszeit hatte, auszudrücken. Natürlich kann jeder zu Hause auch gut für sich in dieser Weise arbeiten und sich ein Ventil schaffen, um Frust abzubauen.

Schülerarbeit

1.3.4 Objekt Kindheitsverarbeitung

Das Erinnern an die eigene Kindheit bildet die Voraussetzung zur Betrachtung und Bearbeitung dieses Themas. Jeder hat seine eigenen Erinnerungen an schöne und schlechte Erlebnisse, an das soziale Umfeld (Einzel- oder Geschwisterkinder, Klein- oder Großfamilie), Großstadtkinder, Landkinder und an den Ort (Stadt oder Land), wo er aufwuchs.

Wir sind in einer Medien, Konsum- und Ellenbogengesellschaft groß geworden. Wie erlebten wir diese Problematik in unserer Familie? Jeder fragt sich, wie er verschiedene schwierige Situationen in seiner Familie erlebt hat und versucht nun, diese darzustellen.

Im Rahmen dieser Aufgabe legen Sie etwas von Ihrer Denkweise offen. Das ist wichtig, um Ihre Persönlichkeit zu verstehen und sich mit ihr auseinanderzusetzen. Persönliche Eigenschaften zu erkennen und sie darzustellen, setzt voraus, dass man gut beobachtet und neugierig ist.

Verschiedene persönliche Eigenheiten wie Kleidung, Spitznamen, Hobbys, Freude, Ängste, Schwächen, Aggressionen oder Stärken wollen wir experimentell gestaltend ausdrücken. Unsere erkannten Eigenschaften sollen in ein Relief aus Gips eingebracht oder symbolisch dargestellt werden. Um einen abstrakten Begriff wie Schwäche oder Angst auszudrücken, können Farben als Ausdrucksmittel (Schwäche = Pastelltöne und Angst = dunkle Farben) dienen. Drückt man Hobbys aus, dann können Erinnerungsstücke wie ein Notenblatt, ein Malpinsel, ein Ball, der erste kleine Sportschuh, eine Kinderschere usw. gesammelt werden.

Auch ein Erinnerungsfoto vom ersten Kindergartentag, von einer neuen Frisur, mit einem Geschwisterkind, von einem Urlaubsaufenthalt, lässt sich einarbeiten. Soll die Fläche sehr plastisch wirken, kann dieser Effekt durch Einarbeiten von Papierknäulen oder Verpackungsmaterialien erreicht werden. Die Gegenstände müssen gut im Gips eingebettet sein, damit sie nicht herausfallen können.

- weißer Gips (Pulverform), Gummibecher zum Anrühren mit Wasser;
- Löffel zum Füllen, Spachtel zum Nachstreichen;
- spitze Gegenstände (Gabel, Stricknadel) für Mustereffekte;
- Dämmplatte (Baustoffhandlung), ungefähr 80 x 80 cm als Untergrund;
- Wasserfarben;
- Gegenstände zur Darstellung von Kindheitserinnerungen.

- Anordnung der einzuarbeitenden Gegenstände auf der Dämmplatte;
- Gips anrühren (siehe unter 1.2.5, S. 22);
- Gips auf Untergrund aufbringen, stückweise die Gegenstände einarbeiten (Gips bindet schnell ab!);
- durch Anwendung von Hilfswerkzeugen Strukturen auf dem Gips erzeugen;
- trocknen lassen;
- eventuell anmalen;
- eventuell die Farbe ankratzen, sodass weiße Gipsspuren erkennbar werden (Sgraffitotechnik).

Schülerarbeit

Übung: Kindheitswünsche in der Tonschale

Ton ist ein hervorragendes Material, um etwas Persönliches auszudrücken und zu formen.

Bei dieser Arbeit findet eine anschauliche Auseinandersetzung mit der eigenen Kindheit statt. Die Kindheitswünsche und -träume werden in einfacher Form modelliert. Diese Wünsche auszudrücken bedeutet, dass man sich erinnert und keine Scheu haben sollte, sie mitzuteilen. So hegte jemand vielleicht den Traum von einer ganz bestimmten Puppe, die aber zu teuer war, oder eine andere wollte einmal „richtige Palmen“ sehen oder ein anderes Kind hatte eine liebe „Vorleseoma“, um die dieses Kind beneidet worden ist.

Die Aussagen sind ganz individuell und sollen nicht von anderen beeinflusst werden. Dabei entsteht nur eine Grobform; Materialerfahrungen stehen nicht unbedingt im Vordergrund. Diese Übung ist auch mit Kindern möglich.

- Ton
- die eigenen Hände dienen als Werkzeug.

- Nehmen Sie eine Tonmenge, die in etwa die Größe einer Apfelsine hat und formen Sie mit geschlossenen Augen eine Kugel;
- drücken Sie mit dem Daumen in die Kugel und drehen Sie das werdende Schälchen ständig;
- egalisieren Sie den Rand des Gefäßes mit geöffneten Augen;
- formen Sie irgend einen Wunschtraum, an den Sie sich erinnern und legen Sie diesen dann in das Schälchen.

1.3.5 Modell: Wohnen

Das Wohnmodell soll bei der Gestaltung des persönlichen Raumes im Vordergrund stehen. Bei dieser Arbeit erfährt man Selbsterkenntnis durch die Auseinandersetzung mit den Dingen des Alltags und durch die Konfrontation mit den eigenen Wunsch- und Traumvorstellungen. Mit der Gestaltung des „eigenen Raumes“, des „eigenen Odjektes“ macht man praktische Erfahrungen, indem man sowohl ästhetische als auch experimentelle Werte seiner Visionen umsetzt.

Arbeiten Sie einmal losgelöst von konventionellen Vorstellungen und Traditionen. Ihr Objekt soll frei von geografischen und klimatischen Gegebenheiten sein. Es muss kein Fenster, keine geraden Wände und Türen nach dem normalen Schema haben. Stellen Sie Ihre Träume und Wunschbilder dar, indem Sie verschiedene Materialien und Arbeitsverfahren auswählen, zusammensetzen, verändern oder ausprobieren.

Es gibt verschiedene Möglichkeiten:

- wenn Sie ein Musikliebhaber sind oder gern ein Instrument spielen, dann könnte Ihr Raum in einer Geige, in einer Trompete oder einem aufgeschlagenen Notenbuch Platz finden.

– Als Großstadtkind aufgewachsen, sehnen Sie sich vielleicht nach einem „grünen Zimmer“, das Licht, Luft und Grün ausstrahlt. Es kann in einem Baum, einer Blüte Platz finden.

Experimentieren Sie mit verschiedenen Materialien wie Wellkarton, Eierwaben und Holz. Wählen Sie Stoffreste für die Innenausstattung so aus, dass sie heimelig und kuschelig ist, wenn Sie es so mögen. Möbelstücke können sich in der Ausgestaltung eines Baumes oder in einer Gitarre verbergen.

In einer Kinderpflegerinnenklasse stand diese Aufgabe an: Die Schülerinnen lösten die Arbeit so, dass sie ihren persönlichen Raum nur mit Wellpappe gestalteten. Die Möbel stellten sie aus farbiger Wellpappe her.

- Wellkarton, Wellpappe, Verpackungsmaterialien, Eierwaben;
- Teppichmesser, Scheren, Tacker;
- Klebstoff, Kleister, Bindfaden;
- eventuell Gardinen-, Polsterstoffe, Fußbodenbelag, Dekostoffe, Holz, Draht, Abtönfarben.

– Wellpappe oder Wellkarton für die äußere Form zurechtschneiden, Seitenteile schneiden, räumlich arbeiten und kleben;

– durch zusätzliches Hinterkleben von festerem Papier erreicht man an den Ecken Stabilität;

– Gestaltung des Innenraumes und des Mobiliars durch Rollen von Wellpappenstreifen (verschiedene Höhen und Längen formen);

– zusätzliche Werkstoffe wie Gardinenstoffe, Fußbodenbeläge oder Verpackungsmaterialien sind möglich;

– ebenso das Hineinbringen von persönlichen Erinnerungsgegenständen.

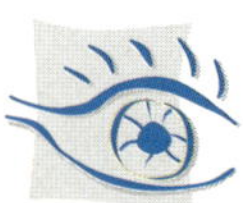

Sie haben bei diesem Thema sicher in Erinnerungen geschwelgt. Vielleicht ist Ihnen bei der Arbeit das eine oder andere wieder eingefallen.

Wohnen in einer Gitarre – Schülerarbeit

Ihr Geschmack hat sich sicher im Laufe der Jahre verändert. Mancher Gegenstand ist bestimmt weggeräumt worden, weil sich Ihr Stil oder die Lieblingsfarben geändert haben. Bewahren Sie Ihr persönliches Wohnmodell auf, damit Sie nach einigen Jahren Ihren Geschmacks- und Stilwandel feststellen können.

Mit Kindern ab einem Alter von fünf Jahren lässt sich diese Aufgabe bearbeiten. Kinder haben eine sehr genaue Vorstellung wie etwas auszusehen hat. Mit dem Wohnmodell lässt sich auch spielen, das heißt, dass diese Arbeit auch noch ergänzt werden kann, indem dazu Figuren, Puppen gearbeitet werden.

1.3.6 Projekt: Literatur

Auch über die Einbeziehung von Texten kann eine Selbstdarstellung erfolgen. Möglichkeiten sind eigene Erlebnisdarstellungen oder auch die Auseinandersetzung mit vorgegebener Literatur. Hierfür ist im schulischen Bereich ein fächerübergreifendes Thema sehr gut geeignet. Die Texte werden mit persönlichen Gestaltungen verbunden.

Übung: Literaturcollage

Ausgangspunkt bildet ein Zitat aus der Literatur, das die Möglichkeit von Eigeninterpretationen bietet.

Als Beispiel sei ein Auszug aus Antoine de Saint-Exupérys „Der kleine Prinz“ angeführt:

„Die großen Leute haben eine Vorliebe für Zahlen. Wenn ihr ihnen von einem Freund erzählt, befragen sie euch nie über das Wesentliche. Sie fragen euch nie: Wie ist der Klang seiner Stimme? Welche Spiele liebt er am meisten? Sammelt er Schmetterlinge? Sie fragen euch: Wie alt ist er? Wie viel Brüder hat er? Wie viel wiegt er? Wie viel verdient er? Dann erst glauben sie ihn zu kennen.“

In diesem Text wird die Sichtweise eines Kindes den Beurteilungskriterien der Erwachsen gegenübergestellt. Ihre Aufgabe ist es nun, mit diesem Text im Sinn einer Selbstdarstellung umzugehen.

- verschiedene Papiere, Verpackungen
- verschiedene Stoffe,
- Zeichenmaterial nach Wahl,
- Stecknadeln,
- Styroporplatte.

- die Begriffe, die Sie interessieren, aus dem Text auswählen, zum Beispiel große Leute, Zahlen, Freund, das Wesentliche, Spiele;
- die Begriffe auf verschiedene Materialien schreiben, zum Beispiel auf verschiedene Papiere, Verpackungsmaterialien, Stoffe usw. und malend und zeichnend im Sinne einer Selbstdarstellung die Begriffe gestalten und ergänzen;
- die Begriffe mit Stecknadeln auf einer Styroporplatte befestigen und solange ausprobieren bis die Anordnung befriedigend ist.

Da der technische Aufwand nicht sehr groß ist, besteht hier eine Möglichkeit, sich recht spontan und intensiv mit der eigenen Person auseinanderzusetzen. Die Anordnung der Begriffe bleibt flexibel, da sie nur mit Stecknadeln befestigt sind.

Übung: Erlebnisleporello

Wenn man einmal ganz in Muße allein einen Spaziergang macht, kann man einiges über sich erfahren, da die stille Atmosphäre zur inneren Einkehr führt. Der Spaziergang kann durchaus in der Nähe der eigenen Wohnung stattfinden und muss nicht lange dauern. Danach notiert man sich, was einem auffiel (Landschaft, Häuser, Menschen usw.) und was man entdeckt hat. Vielleicht sind einem auch irgendwelche Ideen gekommen, oder man hat sich Gedanken persönlicher oder allgemeiner Art gemacht. Nun wird dieses Erlebnis- und Gedankenprotokoll literarisch und bildlich ausgewertet. Dabei kann ein kleines Buch oder ein Leporello entstehen. Ein besonderes Experiment besteht darin, einen solchen Spaziergang im Klassenverband schweigend durchzuführen. Danach ist dann jeder gespannt, was dem einzelnen aufgefallen ist und was sein Interesse geweckt hat.

Das Leporello wird aus einem langen oder zusammengeklebten Kartonstreifen hergestellt. Durch Falzen entsteht eine Ziehharmonikaform. Bei Verwendung von Einzelteilen sollten diese gelocht und zusammengebunden werden.

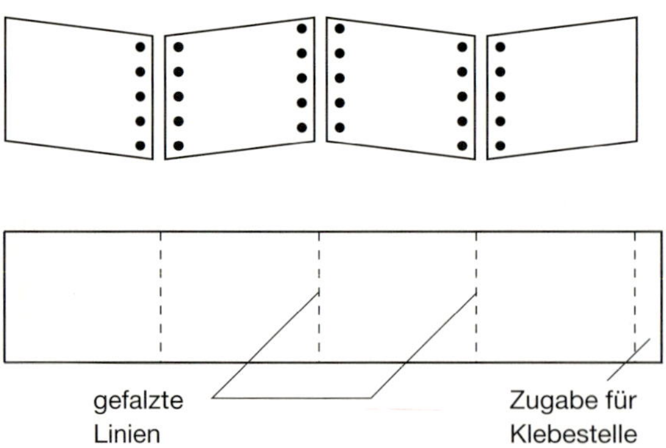

Leporello, Kinderarbeit

Auf das Leporello können nun kurze Texte und Bildteile aufgebracht werden. Die Bewegungsform dieses Buches regt dazu an, andere äußere Formen, die Text- und Bildteile aufnehmen können, zu finden. Denkbar ist zum Beispiel ein großer Fächer, dessen Einzelteile von einer Musterklammer zusammengehalten werden. Nun kann man seine Erlebnisse im wahrsten Sinne des Wortes „auffächern".

Ferner gibt es noch den „Weihnachtskalender" bei dem Teile wie Fenster zu öffnen sind und dann Bild- und Textteile zeigen.

Für Kinder bietet es sich ebenfalls an, Erlebnisse eines Spazierganges zu gestalten. Das geschieht natürlich viel spontaner. Sie können gefundene Gegenstände zum Beispiel Herbstblätter, Früchte usw. aufkleben. Sie werden collageartig einbezogen. Soll ein Leporello entstehen, eignet sich Endlospapier für den Computer, das wie eine Ziehharmonika zusammengefaltet wird.

Übung: Persönliches Bilderbuch

Ein persönliches Bilderbuch kann gut für die Darstellung des eigenen Charakters, von Kindheitserlebnissen oder Ereignissen aus der näheren Vergangenheit genutzt werden.

Bei der Auswahl der eigenen Fotos, die in Ihrem Bilderbuch Platz finden, ist es vorteilhaft, sich für Erlebnisse zu entscheiden, die Sie geprägt haben. Versuchen Sie von Ihnen bevorzugte Bilder oder Zeichnungen in das Bilderbuch miteinzubeziehen, wie zum Beispiel Bilder Ihrer Lieblingsmusiker, Ihres Lieblingstieres usw. Reizvoll sind Gegenüberstellungen. Zum Beispiel kann ein Foto einer Kindergruppe, die Sie während eines Praktikums betreut haben, neben ein Foto aus Ihrer eigenen Kindergarten- oder Schulzeit geklebt werden. Die Gegenüberstellung heute – früher ist allgemein sehr interessant.

Für die äußere Form eignet sich Endlosdruckpapier, das wie eine Ziehharmonika zusammengefaltet wird oder Fotokartons im DIN-A4-Format, quer oder hochformatig.

- Fotokartons, Computerdruckpapier (eventuell dünne Sperrholzplatten), Kordel, Band, Leder;
- Kleber, Schere, Bleistift, Lineal, Lochzange, Locheisen und Hammer, Unterlage, Falzbein, Metalllineal;
- Fotos, Zeitschriften, Prospekte, Kataloge zum Herausschneiden, getrocknete Blätter und Blumen.

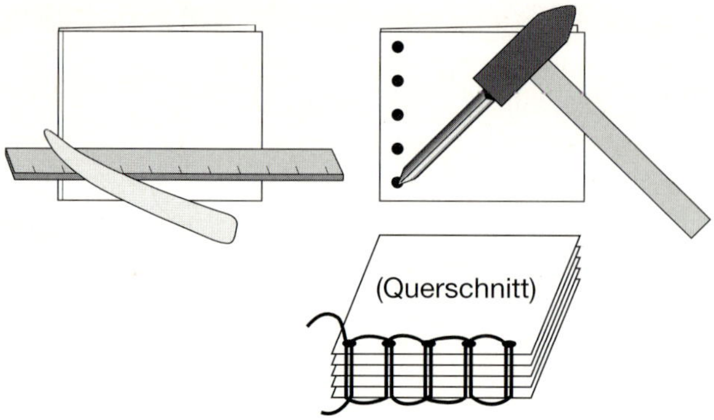

- DIN A4-Kartons falzen und lochen;
- Titelblattgestaltung:
  - Kartons bekleben,
  - ausschmücken,
  - gestalten,
  - zeichnen und malen;
- Kartons zusammenbinden

Übung: Tagebuch

Im Fach Werken ist es empfehlenswert, ein Tagebuch parallel zum Unterricht zu führen. Es ist wichtig, dass die Eintragungen kontinuierlich sind.

Das Schultagebuch soll eine Arbeit sein, die sehr persönlich ist, aber auch viel über die im Unterricht vermittelten Techniken und Arbeitsschritte wiedergibt. Es kann zusätzlich zu diesem Buch als Nachschlagewerk dienen. Dabei wird es mit Beispielen und Fotos von Ihnen, vom Praktikum und auch von den Kindern ergänzt. Sie ordnen so den einzelnen Techniken Fotos von eigenen Arbeiten oder denen der Mitschüler zu. Außerdem ist manche Anregung in Zeitschriften, Geschäften, Ausstellungen und Messen zu finden, die Sie als Notiz, als Skizze oder als Bild in Ihr Tagebuch einfügen sollten.

Sie können das Tagebuch als Mappe oder Ordner im DIN-A4-Format anlegen und entweder nach dem Inhaltsverzeichnis des Buches, das heißt alphabetisch, oder nach Techniken ordnen. Kleinere Unterrichtsbeispiele oder Arbeiten werden in Plastikhüllen, große flächige Arbeiten in einer Sammelmappe im DIN-A2-Format aufbewahrt. Sie können stolz sein auf die erworbenen Kenntnisse im Fach Werken, auf die Fertigkeiten sowie Fähigkeiten und auf die Gestaltungsbreite, die Sie inzwischen erreicht haben. So erkennen Sie nach einem längeren Zeitraum Ihre Fortschritte, Ihre Sicherheit, besonders aber auch Ihren Ideenreichtum. Das Schultagebuch ist eine selbstständige Arbeit, bei deren Erstellung Sie Ratschläge beim Lehrer einholen oder in der Fachliteratur nachlesen können. Ergänzungen und spätere Eintragungen sind immer möglich und empfehlenswert.

- Ordner (DIN-A4), Sammelmappe (DIN-A2);
- Schreibpapiere, Plastikhüllen;
- Stifte, Kleber, usw.

- Mappe anlegen, die Titelseite kann besonders gestaltet werden;
- Schreibpapiere lochen;
- Ideen sammeln, skizzieren oder kurz beschreiben;
- Techniken durch Fotos und Abbildungen ergänzen;
- Plastikhüllen für kleinere Modelle oder Arbeiten;
- Sammelaktionen für Beispiele zu verschiedenen Techniken.

Phase der Fremdwahrnehmung

2

2.1 Einleitung

Die zweite Phase der Ausbildung zur Kinderpflegerin ist die Phase der Fremdwahrnehmung. Es findet jetzt verstärkt die Auseinandersetzung mit den Anforderungen der Berufspraxis statt. Ausgangspunkt dieser Erprobungsphase ist die Situation des Kindes. Das Kennenlernen und Verstehen der kindlichen Bildsprache steht nun für den gestalterischen Bereich im Mittelpunkt. Erste Aktivitäten werden durchgeführt, wobei methodische Überlegungen, die bildnerischen Fähigkeiten des Kindes optimal zu fördern und seine Kreativität freizusetzen, berücksichtigt werden. Das heißt, das Kind erhält möglichst viel Freiraum, sodass es neue Wege sehen und gehen kann.

Im Zentrum des Experimentierens steht das Bildelement Farbe. Die verschiedensten Malmaterialien, Malgeräte und Maltechniken sollen dabei zur Anwendung kommen, um die Feinfühligkeit des Kindes in diesem Bereich zu steigern.

2.2 Farbenlehre

Dieses Kapitel vermittelt ein Grundwissen über die Farben. Damit die Erziehende einen Überblick über dieses Gebiet erhält, steht zunächst die Theorie der Farben im Vordergrund. Hierbei wird die Farbenlehre nach Johannes Itten vermittelt. Johannes Itten (1888-1967) war Maler und Kunsterzieher. Er hat sich sein ganzes Leben mit Farben und ihren Gesetzmäßigkeiten auseinandergesetzt.

Im Folgenden wird der Aufbau des Farbkreises und die Kontrastlehre behandelt.

2.2.1 Das Phänomen Farbe

Farben üben eine große Anziehungskraft auf Menschen aus. Sie wirken auf das seelische Befinden ein. Besonders im Verlauf der Jahreszeiten ist das immer wieder spürbar. Nach einer grauen Winterphase genießen die Menschen im Frühling das Aufbrechen leuchtender Farben in der Natur. Beobachtet man die Farben genauer, so fällt auf, dass in den verschiedenen Jahreszeiten bestimmte Farben vorherrschen: Strahlende Gelbtöne von Forsythien und Raps, und die unterschiedlichsten frischen Grüntöne von Bäumen und Wiesen im Frühling. Danach sind überall in der Landschaft Weißtöne zu sehen, zum Beispiel Weißdorn und Margeriten. Dann folgt das Rot der Rosen im beginnenden Sommer und schließlich im Herbst die reiche Farbpalette mit warmen Rot-, Gelb- und Brauntönen. Beschäftigt man sich näher mit Erscheinungen und Wirkungen von Farben, so wird deutlich, dass es sich hier um ein sehr vielschichtiges Phänomen handelt. Es fällt auf, dass wir es immer wieder mit Kontrasten, mit Polaritäten zu tun haben. So gibt es in der Kontrastlehre der Farben den Hell-Dunkel-Kontrast oder den Kalt-Warm-Kontrast. Es gibt die sehr gegensätzlichen Komplementärfarbenpaare, es gibt Licht- und Körperfarben, es gibt persönliche Erfahrungen mit Farben (subjektive Farben) und Gesetzmäßigkeiten von Farben (objektive Farben). Die unterschiedlichsten Berufe beschäftigen sich mit dem Phänomen Farbe:

Der Physiker erforscht, wie durch Lichtbrechung die Lichtfarben (Spektralfarben) entstehen. Der Chemiker beschäftigt sich mit der Farbsubstanz (Pigmentfarben). Der Physiologe untersucht die Wirkungen des Lichtes und der Farben auf unseren Organismus. Der Psychologe erforscht die Wirkung der Farben auf unsere Seele. Der Farbenkünstler schließlich geht gestalterisch mit der Farbe um.

In vielen weiteren Berufszweigen sind Kenntnisse über Farben unerlässlich, zum Beispiel in der Modebranche, in der Floristik und im Malerhandwerk.

Große Bedeutung kommt der Farbe auch in erzieherischen Berufen zu.

2.2.2 Farberscheinung

Voraussetzung jeglichen Farbsehens ist das Licht. Wie jeder weiß, hat ein leuchtend roter Gegenstand bei Erlöschen des Lichts alle Leuchtkraft eingebüßt. Dadurch, dass im weißen Lichtstrahl Farben enthalten sind, können Gegenstände überhaupt farbig gesehen werden. Seit jeher sind Menschen tief beeindruckt, wenn das weiße Sonnenlicht bei einem Regenschauer in den Regentropfen gebrochen wird und ein leuchtender Regenbogen am grauen Himmel erscheint. Der Physiker Isaak Newton stellte diesen Vorgang 1676 durch einen Versuch dar, indem er einen weißen Lichtstrahl durch einen Glaskörper (Prisma) schickte. Der Strahl wurde gebrochen, und auf der gegenüberliegenden Wand entstanden die Farben des Regenbogens.

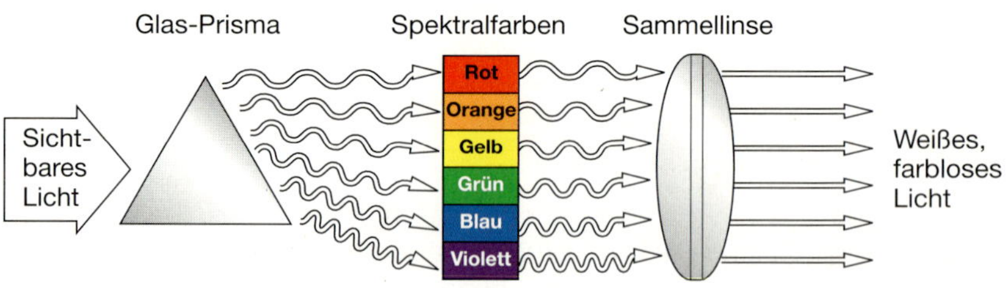

Diese heißen „Spektralfarben“. Sie sind körperlos. Bündelt man die Farben wieder in einer Sammellinse, so entsteht wieder weißes Licht. Die Spektralfarben sind additive Farbmischungen. Wenn aus dem Farbspektrum eine Farbe, zum Beispiel Rot, ausgeblendet wird, dann entsteht bei der Bündelung der übrigen Farben Grün. In dem Grün sind alle übrigen Farben enthalten. Die beiden Farbpole nennt man Komplementärfarben. Rotes und grünes Licht ergibt als Mischung wieder weißes Licht.

So lautet ein wichtiger Satz in der Farbenlehre: **Farben, die sich durch additive Farbmischung zu Weiß ergänzen, heißen Ergänzungs- oder Komplementärfarben.**

Mit Kindern lässt sich Newtons Versuch leicht nachvollziehen, indem man den Kindern Glasprismen gibt (vereinfachte Übung mit Glasvasen) und sie dann beobachten, wie sich an der weißen Wand die Spektralfarben zeigen. Es sind die Farben Rot, Orange, Gelb, Grün, Blau, Violett.

Die Farben bestehen aus elektromagnetischen Wellen. Rot ist am langwelligsten und deshalb für unsere Augen angenehm, violett ist am kurzwelligsten und deshalb vielen Menschen unangenehm, da es gerade noch für das menschliche Auge erfassbar ist.
Liegt ein roter Ball in einem verdunkelten Zimmer, so ist er einfach grau. Wird Licht in den Raum gelassen, dann leuchtet er rot. Wie geht das nun vor sich? In Wirklichkeit hat der Ball keine Farbe. Trifft aber der Lichtstrahl auf seine Oberfläche, sehen wir sie rot, da ihre Farbpigmente so beschaffen sind, dass alle übrigen Farben des Spektrums verschluckt (absorbiert) werden und nur der Rotanteil in unser Auge zurückgeworfen wird.

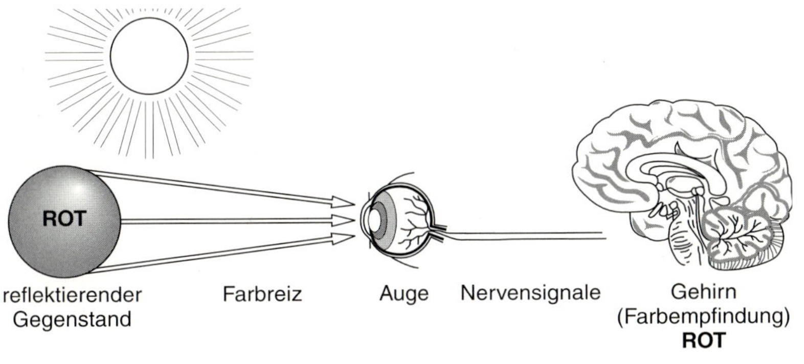

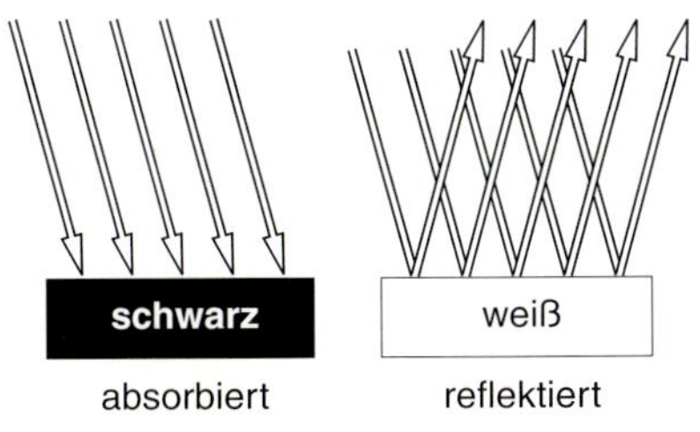

Wir sehen weiß,
wenn alle Farben des Spektrums reflektiert werden,
und wir sehen schwarz,
wenn alle Farben absorbiert werden.

Statt absorbiert kann man auch sagen, dass die Farben subtrahiert werden und so spricht man bei allen Körperfarben (wie zum Beispiel dem Rot des

Balls) von subtraktiven Farben. Somit sind auch alle Farben, die aus Materie bestehen, (etwa die Farbpigmente im Deckfarbenkasten) subtraktive Farbmischungen.

Mit den Gesetzmäßigkeiten der Farben haben sich eine ganze Reihe von Malern und Wissenschaftlern beschäftigt, und so gibt es auch mehrere Farblehren, die von verschiedenen Ansatzpunkten ausgehen.

Neben dem Universalgenie **Leonardo da Vinci** (1452-1519), der bereits den Regenbogen in den Mittelpunkt seiner Beobachtungen stellte, sind der Dichter **Johann Wolfgang von Goethe** (1749-1832) und der Physiker **Isaak Newton** (1643-1727) zu erwähnen. Für Goethe war das sinnliche Erleben der Farben wichtig, Isaak Newton ging es dagegen um eine naturwissenschaftliche Analyse des klaren Lichts. In der neueren Zeit sind weitere Farblehren aufgestellt worden.

Für den Schulbereich hat sich die Farblehre von **Johannes Itten** (1888-1967), die auf den Beobachtungen Goethes aufbaut, als besonders geeignet erwiesen. Itten unterscheidet den subjektiven Bereich der Farbe (persönliche Empfindungen – Lieblingsfarbe) und den objektiven Bereich, zu dem alle Gesetzmäßigkeiten der Farbe gehören. Der subjektive Bereich der Farbe umfasst somit die Farbe als persönliches Erlebnis (hier liegt natürlich der Schwerpunkt in der Arbeit mit den Kindern). Der objektive Bereich hingegen richtet das Augenmerk auf das Erkennen von bestimmten Fakten der Farblehre, zum Beispiel die Ordnungen der Farben.

Kurzübersicht über wichtige Aussagen der Farblehre

- subjektive Farben: persönliche Vorlieben für bestimmte Farben
- objektive Farben: Gesetzmäßigkeiten von Farben zum Beispiel Farbordnungen (12-teiliger Farbkreis)

- körperlose Farben: **Spektralfarben** (Lichtfarben) Entdeckung durch den Physiker Isaak Newton
- additive Farbmischung: Die Mischung von Grundfarben oder Komplementärfarben ergibt Weiß.

Farben, die sich durch additive Farbenmischung zu Weiß ergänzen, heißen Ergänzungs- oder **Komplementärfarben.**

- körperhafte Farben: **Pigmentfarben** (Körperfarben)
- subtraktive Farbmischung: Mischung von Komplementärfarben oder Grundfarben ergibt Schwarz.

Die Wahrnehmung von Farben setzt das Vorhandensein von Licht voraus. Somit ist unsere Umwelt farblos. Durch das Licht **erscheint** sie uns farbig.

2.2.3 Farbordnungen

In der Farbenlehre von **Johannes Itten** werden uns die Farben systematisch nach einem Schema erklärt. Itten unterscheidet 12 Farbtöne, die er in Farben 1. Ordnung (Primärfarben, auch Grundfarben), Farben 2. Ordnung (Sekundärfarben) und Farben 3. Ordnung (Tertiärfarben) einteilt. Das Wissen um den Aufbau der Farben ist wichtig, um Farbverständnis und -empfindungen zu schulen und um das Mischen der Farben handhaben zu können. Itten sagt: „Man muss die 12 Farbtöne so genau sehen, wie ein Musiker die 12 Töne der Tonleiter genau hört!"

1. **Farben 1. Ordnung** = **Primärfarben** = **Grundfarben**

   Gelb, Rot, Blau

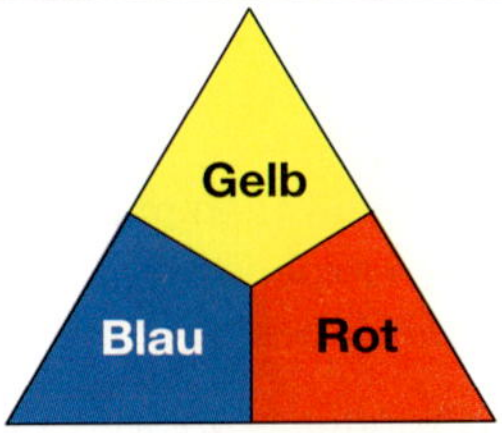

1.

2. Hieraus entstehen durch Mischen:

   Farben 2. Ordnung = **Sekundärfarben**

   Orange, Violett, Grün

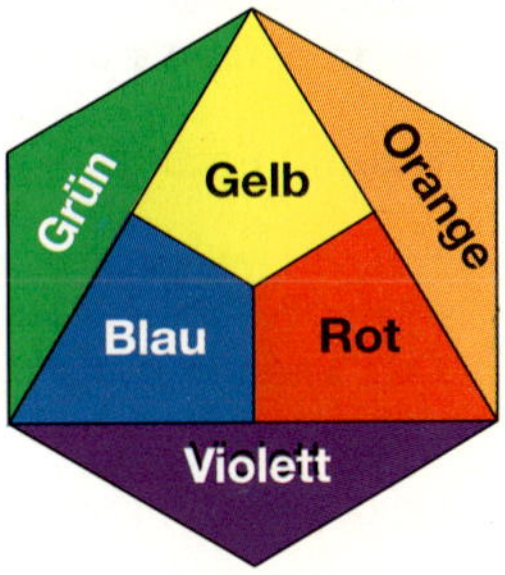

2.

3. Durch weiteres Mischen der Farben 1. und 2. Ordnung erhalten wir:

   Farben 3. Ordnung = **Tertiärfarben**

   Gelborange, Rotorange, Rotviolett, Blauviolett, Blaugrün, Gelbgrün.

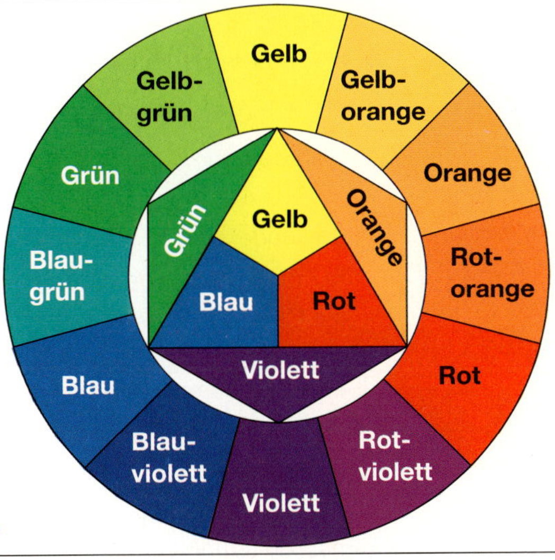

3.

Bei der Bezeichnung der Tertiärfarben werden deshalb die Primärfarben immer zuerst genannt, weil sie den größten Anteil an der jeweiligen Farbe haben, zum Beispiel Rotorange.

Bei den Spektralfarben wurden bereits die Komplementärfarben erwähnt. In Ittens Farbkreis sind alle Farben, die sich gegenüberliegen, komplementär (insgesamt sechs Paare). Die Hauptpaare sind Gelb-Violett, Blau-Orange und Rot-Grün.

2.2.4 Erlebnis Farbe

„Es ist nichts in unserem Verstand, was nicht vorher in unseren Sinnen war!“ Dieses Zitat eines Pädagogen aus dem Mittelalter gilt besonders für die Farbenlehre. Bevor der Farbkreis erstellt wird, ist es deshalb wichtig, spielerische Erfahrungen mit der Farbe zu machen. Das Erlebnis der Farbe und die Freude am experimentellen Tun stehen im Vordergrund. Besonders wichtig ist dies für die Arbeit mit Kindern.

Nachfolgend wird verdeutlicht, wie man Kinder an den Umgang mit Grundfarben und ihren Mischungen heranführen kann. Parallel dazu wird erläutert, wie die Aufgaben bei Erwachsenen erweitert werden können. Den Abschluss bildet dann die Erstellung eines Farbkreises.

Übung: Farbbahnen

Um die Farben kennenzulernen und ihre Wirkung intensiv zu erleben, ist es sinnvoll, sich aus der Farbpalette zunächst die drei Grundfarben („Die großen Drei“) herauszunehmen. Daraus ergeben sich folgende Themen:

- das große Rot,
- das große Blau,
- das große Gelb.

- alte Tapeten (zum Beispiel Raufaser);
- breite Pinsel, Quaste, Rollen;
- Wandfarben.

- die Kinder bemalen große Flächen, zum Beispiel alte Tapeten, mit jeweils einer Farbe;
- die Farbtapeten werden an einer Wand befestigt.

Über die Wirkung der Farben lässt sich nun einiges sagen, zum Beispiel dass die Farbe Rot ganz warm und leuchtend ist.
Als Erwachsener ist es sinnvoll, die Aufgabe zu erweitern und die Mischfarben hinzuzunehmen. So werden aus den Primärfarben die Sekundärfarben und die Tertiärfarben gemischt. (Hierbei ist darauf zu achten, dass bei Mischungen immer die dunklere Farbe vorsichtig in die hellere hineingezogen wird.

Niemals umgekehrt!) Anhand der ausgebreiteten Bahnen, die später als Material für den 12-teiligen Farbkreis oder auch für Kontrastübungen dienen sollen, kann schon einiges zu den Farbkontrasten (zum Beispiel Kalt-Warm-Kontrast) oder zu den Komplementärfarben gesagt werden.

Übung: Malen mit Kleisterfarben

Dies ist eine Technik, die großzügiges, freies Arbeiten ermöglicht. Außerdem ist sie sehr preiswert. Die Pinsel lassen sich jederzeit gut mit Wasser reinigen.

- große Papierbögen (manchmal geben Druckereien Papierrollen umsonst ab), alte Tapeten, Makulaturpapier,
- pulverisierte Farben,
- breite Pinsel,
- Kleister.

- die drei Grundfarben werden mit wenig Wasser angerührt;
- Tapetenkleister wird hinzugefügt, bis eine breiige Masse entsteht;
- mit einem dicken Pinsel werden große Farbtupfen auf eine weiße Fläche aufgetragen, sodass zum Beispiel ein Blumenstrauß entsteht.

Übung: Farbentürme

Bei dieser Aufgabe sollen die drei Grundfarben und die Mischung aus allen drei Grundfarben an einem räumlichen Gebilde zur Geltung kommen.

- Verpackungen (rechteckige oder runde Kartons, Styroporteile),
- Abtönfarbe,
- breite Pinsel,
- Klebstoff.

- aus den Verpackungsmaterialien werden Türme gebaut: zum Beispiel ein Turm aus Kartons (Quaderformen), ein Turm aus Papprröhren (runde Formen), ein Turm aus weißen Styroporteilen und der vierte Turm wird aus Verpackungsmateriaiien gebaut;
- der Turm, der aus den weißen Styroporteilen besteht, wird gelb angemalt, der Röhrenturm rot und der Turm aus den Kartons wird blau bemalt;
- der vierte Turm wird mit dem Mischton der Grundfarben gestrichen (die Mischung aller drei Grundfarben ergibt einen Schmutzton).

Nun steht neben den drei leuchtenden Türmen ein schmutzig-grauer Turm. Den Kindern wird deutlich, dass die drei Grundfarben nicht mehr erkennbar sind, wenn sie miteinander gemischt werden.
Bei Erwachsenen könnte das Thema „blaues Objekt“ oder „rotes Objekt“ lauten. Das Objekt wird aus verschiedenen Verpackungsmaterialien gestaltet.

Eine Grundfarbe wird ausgesucht, mit Weiß aufgehellt oder mit Schwarz abgedunkelt. Einige Teile des Objekts werden mit der reinen Farbe bemalt, andere mit den Mischtönen (monochrome Farben).

Übung: große Farbpalette

Nach dem Malen mit den drei Grundfarben und einem ersten Mischversuch, stellt sich nun die Frage: „Welche Farben können aus den drei Grundfarben gemischt werden?“ Die Kinder können es zum Beispiel bei der Herstellung einer großen Farbpalette ausprobieren. Im Folgenden sind noch viele weitere Möglichkeiten beschrieben, die fast alle mit Deckfarben durchgeführt werden können. Die Übungen sind natürlich auch für Erwachsene geeignet. Hierbei werden aus den Farben primärer Ordnung Farben sekundärer und tertiärer Ordnung gemischt.

- große Pappen, Wellkarton,
- Pappschere,
- Abtönfarben, Fingerfarben, Temperafarben,
- Pinsel, Wassergefäße.

- die Kinder zeichnen auf Karton die Form einer Palette auf, die Linien werden mit dem Falzbein nachgeritzt und dann ausgeschnitten (eventuell muss die Erzieherin beim Ausschneiden helfen, wenn die Kinder noch nicht genug Kraft haben);
- aus den drei Grundfarben werden nun mit dem Pinsel oder mit den Fingern die Farben wie bei der Farbpalette eines Malers flächenhaft aufgetragen;
- die Kinder experimentieren mit den Farben, indem sie diese mischen oder (wenn die Farben flüssig genug sind) durch Senkrechthalten der Palette ineinander laufen lassen;
- wenn die Palette vor dem Auftragen der Farben mit schwarzer Farbe grundiert wird, leuchten die Farben noch stärker.

Bei Erwachsenen bietet es sich an, die große Farbpalette zu bemalen, nachdem die zwölf Farbbahnen gestrichen worden sind. Auf diese Weise können nun alle Restfarben verbraucht werden. Um das Malen noch interessanter zu gestalten, kann Weiß hinzugefügt werden. Die Aufgabe könnte lauten: „Lieblingsfarbklang“.

Übung: Nass-in-Nass-Technik

Die Nass-in-Nass-Technik ist sehr gut geeignet, um auf spielerische Art Farbkenntnisse zu erwerben. Zunächst werden einige Methoden aufgeführt, bei denen die Kinder erleben, wie aus den Grundfarben drei weitere Farben entstehen.

Zur Einführung in die Themen bietet sich die Erzählung kleiner Geschichten an:

- Herr Rot und Frau Blau treffen sich. Sie reden miteinander und umarmen sich. (Die Farbe Violett entsteht.)

- Ein gelber Klecks springt auf dem Glasrand, hüpft neugierig umher und fällt plötzlich in das blaue Wasser. (Die Farbe Grün entsteht.)
- Die rote Sonne geht über der gelben Wüste unter. (Die Farbe Orange entsteht.)
- Herr Rot trifft Frau Blau und Frau Gelb. Sie geraten in einen fürchterlichen Streit und kämpfen miteinander. Weil keiner gewinnen kann, vernichten sich die Farben und ein schmutzig-brauner Ton entsteht.

- Zeichenblock,
- Deckfarben,
- Borstenpinsel.

- mit großzügigen Pinseltupfern werden jeweils zwei oder drei Grundfarben aus dem Deckfarbenkasten sehr feucht auf ein Blatt Papier aufgetragen;
- das Blatt wird hin und her bewegt, sodass die Farben aufeinander zukommen und ineinander laufen;
- die Kinder sollen beobachten, wie die Farben sich vermischen und welche Mischfarbe entsteht.

Wenn das Papierblatt vorher mit Wasser gut befeuchtet wird, kann man das Ineinanderlaufen der Farben besonders gut beobachten.

Wie bereits erwähnt, macht es Spaß, Geschichten zum Thema „Farbmischung" zu erzählen. Daraus kann jeweils ein kleines Bilderbuch entstehen. Das Buch „Die wahre Geschichte von den Farben" von Eva Heller bietet eine gute Anregung zu diesen Farbthemen.

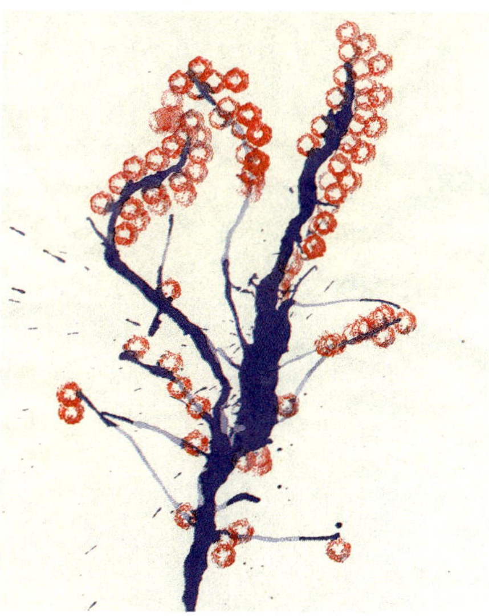

Pustetechnik mit Stempeldruck

Übung: Pustetechnik

- Deckfarben oder Tusche,
- Strohhalme,
- Zeichenpapier,
- Zeitungspapier, Wellpappe.

- Mithilfe eines Strohhalmes werden jeweils zwei Grundfarben ineinander gepustet, so entsteht zum Beispiel ein feinverzweigtes Baumgeäst;
- aus den drei Grundfarben entstehen durch Mischen drei weitere.

Die Technik kann durch zusätzliches Drucken erweitert werden (Stempeldruck). Mit aufgerollten Streifen aus Zeitungspapier oder Wellpappe werden Tupfen oder Ringe gedruckt, sodass etwa ein Blütenzweig entstehen kann.

Übung: Farbabzugsverfahren (Décalcomanie)

- ein oder zwei Glasplatten,
- Wand- oder Deckfarben,
- Borstenpinsel,
- glattes Zeichenpapier.

– Auf Glasplatte Deck- oder Wandfarben in großzügigen Farbtupfern in jeweils zwei Grundfarben aufbringen; mit Pinsel leicht ineinanderstreichen;

– glattes Papier, zum Beispiel Schreibmaschinenpapier, auflegen; von der Rückseite stellenweise mit der Hand leicht aufdrücken oder reiben;

– das Blatt an den oberen beiden Ecken anfassen und schnell abziehen;

– je nach vorheriger Behandlung oder Schnelligkeit des Abziehens entstehen verschiedene Strukturen und Farbmischungen.

– weitere Möglichkeit: auf die Glasplatte mit den Farbklecksen eine zweite legen; die Flecke werden gequetscht und lassen feine Äderchen entstehen. Nicht zu viel Farbe nehmen! Platten trennen, Papier auf beide Glasplatten legen und abziehen; es lassen sich auch zweite und dritte Abzüge machen.

Solche Strukturen laden zu einer Reise in das Land der Fantasie ein. Man kann Gesichter und fantastische Wesen entdecken, die mit feinem schwarzen Filzstift oder mit der Zeichenfeder behutsam nachgezeichnet werden. Diese Technik ist eher für ältere Kinder und für Erwachsene geeignet.

2.2.5 Erstellung von Farbkreisen

Nach all den Mischübungen ist es nun sinnvoll, dass die Kinder den Farben in einer Farbordnung (Ordnungsform) ihren Platz geben.

Der zwölfteilige Farbkreis von J. Itten ist für jüngere Kinder jedoch noch zu schwierig. Es ist aber gut möglich, einen sechsteiligen Farbkreis als „Torte“ zu malen.

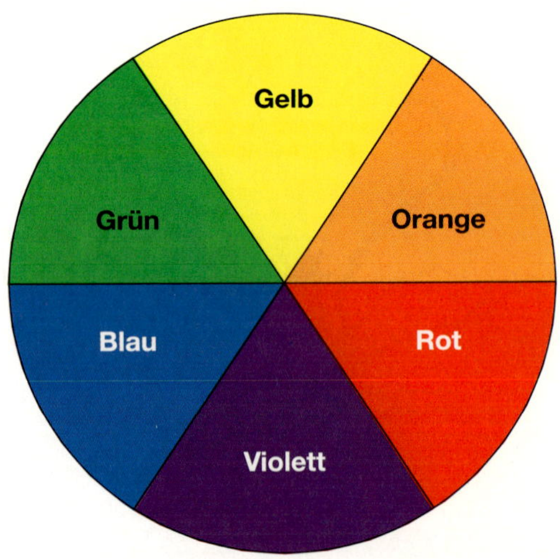

- Zirkel, Lineal, Bleistift, Filzstifte,
- Zeichenblock,
- Deckfarben, Wassergläser, Haarpinsel,
- alter Teller zum Mischen.

- Segmente des Kreises müssen gleichmäßig sein, deshalb mit Zirkel und Lineal arbeiten; Hilfestellungen eventuell erforderlich;
- waagerechte Strecke, zum Beispiel 30 cm, zeichnen und teilen;
- um den Mittelpunkt einen Kreis mit einem Radius von 15 cm schlagen;
- Radius sechsmal auf Kreisumfang abtragen;
- gegenüberliegende Punkte verbinden und mit Filzstift nachziehen;
- Tortenstücke in Grund- und Mischfarben ausfüllen: oben Gelb, gegenüber Violett; rechts vom Gelb liegen Orange und Rot; links Grün und Blau.

Übung: Beweglicher Farbkreis

Die Farben des sechsteiligen Farbkreises können auch als ungefähr bierdeckelgroße Kreisflächen aus Tonpapier ausgeschnitten werden. Ein kleiner Kreis wird aus schwarzem Papier ausgeschnitten. An die Ränder der Kreisflächen wird ein kleines Loch gestochen. Mit einer Musterklammer wird dann alles zusammengehalten. Auf diese Weise entsteht eine „Farbblume“, deren Blütenblätter beweglich sind, sodass man die Anzahl und Reihenfolge der Farben bestimmen kann.

Übung: Farbtorte

Die Teile des Farbkreises erinnern an eine Torte. Deshalb kann es reizvoll sein, einmal eine Farbtorte herzustellen.

- Pappen, zum Beispiel Wellkarton,
- verschiedene Verpackungsmaterialien,
- Stoffe,
- Kartonschere,
- Kleister, Styroporkleber,
- Wandfarben,
- Klarlack.

- Segmente werden aus Wellkarton ausgeschnitten und mit verschiedenen Materialien (Papier, Styropor, Plastikfolie) beklebt, so entsteht eine reliefartige, lebendige Oberfläche;
- die einzelnen Stücke werden mit Farben übermalt;
- an einzelnen Stellen kann auch noch mit dem Pinsel eine Tortenglasur aus wasserlöslichem Klarlack aufgetragen werden, dadurch wirken die Farben an diesen Stellen intensiver.

Es können auch dickere Styroporplatten zu Tortenstücken zersägt werden. Die Stücke werden dann mit Styroporfüllteilen, die es in vielen Varianten gibt, verziert (Styroporkleber).

Übung: Erstellung des zwölfteiligen Farbkreises

Zunächst empfiehlt es sich, das Modell des Ittenschen Farbkreises zu übernehmen und die vorgegebenen Felder entsprechend auszumalen. Allerdings ist hier überhaupt kein Spielraum für die eigene Fantasie vorhanden. Interessanter wird das Ganze, wenn man sich für die einzelnen Felder (Segmente) eigene Formen ausdenkt, zum Beispiel Formen von Blütenblättern.

Der Ittensche Farbkreis ist ein idealer Farbkreis. Er bietet dem ästhetischen Empfinden entsprechend sehr klare Farben an, die sich aber in der Realität nicht in dieser Leuchtkraft erstellen lassen, da die Mischfarben matter erscheinen. Die größte Annäherung an Ittens Farbkreis ist möglich mit den Grundfarben Gelb, Karminrot und Ultramarinblau. Nimmt man die neuerdings angebotenen Farben Magentarot und Cyanblau (sie entsprechen den Lichtfarben und besitzen die genaue Wellenlänge dieser Farben), so lässt sich zwar ein schönes Violett mischen, wegen des Blauanteils in Magentarot aber kein schönes Orange (allerdings wird im Industriedruck in erster Linie mit diesen Farben gearbeitet).

- Schulfarbkasten,
- Zeichenblock, schwarzer oder grauer Untergrundkarton,
- Pinsel, Wassergefäß, Teller zum Mischen,
- Schere, Lineal, Zirkel, Bleistift, Klebstoff.

- auf Zeichenpapier Grundfarben aufmalen;
- aus den drei Grundfarben die entsprechenden Mischfarben (Sekundärfarben) mischen; darauf achten, dass jede einzelne Farbe „neutral" ist, das heißt Orange ist weder gelb- noch rotstichig, Grün ist weder gelb- noch blaustichig, Violett ist weder rot- noch blaustichig;
- am besten auf weißem Papier Farbproben machen, sich dabei an die Farben des Ittenschen Farbkreises halten;
- aus den Primär- und Sekundärfarben Tertiärfarben mischen;
- Schablonenform entwerfen;
- die Schablonenform auf Farbpapiere übertragen, ausschneiden und in Kreisform auf grauen oder schwarzen Untergrund legen; in die Mitte die Form mit der Schmutzfarbe legen und alles aufkleben;

Für die Erstellung des Farbkreises aus den selbstentwickelten Segmentformen können auch sehr gut Teile der zwölf Farbbahnen, die zum Kennenlernen der Farben mit Wandfarbe bemalt wurden, verwandt werden.

Übung: Farblatten

Eine Erweiterung der zwölfteiligen Farbanordnung entsteht durch Veränderung der Oberflächen. Es handelt sich hier um eine Alternative zur Farbtortenübung der Kinder. Hierbei werden ebenfalls Reliefflächen erstellt, die dann mit den zwölf Farben des Farbkreises gestrichen werden. Dazu kommen eine schwarze und eine weiße Fläche. Auf diese Weise kann eine größere Wandfläche farbig gestaltet werden.

- 14 Latten, etwa 200 x 30 cm (am besten Resopal- oder Hartfaserlatten, diese biegen sich kaum),
- helle Verpackungsmaterialien, Stoffe, Naturmaterialien,
- Kleister,
- Abtönfarben,
- wasserlöslicher Klarlack.

- Latten mit den verschiedenen Materialien bekleben; so entstehen ganz unterschiedliche Oberflächenstrukturen, die Reliefcharakter haben;
- jede Latte mit je einer Farbe des Farbkreises bemalen;
- einzelne Teile können auch lackiert werden, so kommt es zum Gegensatz stumpf / glänzend.

2.2.6 Farbkontraste

Einen Gegensatz bezeichnet man auch als Kontrast. Eine Empfindung wird durch ihren Gegensatz verstärkt. Zum Beispiel erscheint lauwarmes Wasser kalt, wenn man vorher heißes Wasser benutzt hat. Johannes Itten unterscheidet sieben verschiedene Kontraste:

- Farbe-an-sich-Kontrast,
- Hell-Dunkel-Kontrast,
- Kalt-Warm-Kontrast,
- Komplementär-Kontrast,
- Simultan-Kontrast, (Sukzessiv-Kontrast),
- Qualitäts-Kontrast,
- Quantitäts-Kontrast.

Jeder Kontrast hat seine eigenen Gesetzmäßigkeiten, seinen eigenen Charakter und Gestaltungswert. Über die Erarbeitung der Farbkontraste sagt Itten: „Wenn eine Komposition in einem bestimmten Kontrast stilrein gearbeitet werden soll, so müssen alle anderen Kontraste als Nebenkontraste zurückhaltend oder gar nicht verwendet werden.“

Zum Verständnis für die Kinderpflegerin werden die Farbkontraste im Folgenden verhältnismäßig ausführlich beschrieben. Ittens Kontraste werden den Kindern gegenüber nur dann erwähnt, wenn sie diese auch verstehen können. Die Kinderpflegerin muss kindgemäße Ausdrücke finden. So kann sie von leuchtenden und trüben, von hellen und dunklen, von kalten und warmen Farben sprechen.

Der Farbe-an-sich-Kontrast

Der Farbe-an-sich-Kontrast

Dieser Kontrast stellt an das Farbsehen keine großen Anspüche, weil zu seiner Darstellung alle ungetrübten Farben verwendet werden können. Der Farbe-an-sich-Kontrast stellt den einfachsten, aber auch stärksten Kontrast dar, weil er die Farbe an sich unterscheidet: Das ist gelb, das ist blau, das ist rot. Je reiner die Farben sind, desto ausdrucksstärker ist der Kontrast. Die Hinzufügung von schwarzen und weißen Feldern verstärkt die lebhafte Wirkung. Zur Darstellung des Farbe-an-sich-Kontrastes sind mindestens drei klar voneinander abstechende Farben wie zum Beispiel die drei Grundfarben, notwendig. Diese bilden den stärksten Farbe-an-sich-Kontrast. Die Grundfarben können mit Sekundär- und Tertiärfarben ergänzt werden.
Werden Sekundär- oder Tertiärfarben benutzt, nimmt die Wirkung ab; das gilt noch mehr, wenn die Hell-Dunkel-Werte der Farben mit Weiß oder Schwarz verändert werden.
Kinder lieben diesen ausdrucksstarken Kontrast, verwenden ihn in ihren Malereien unbewusst, mögen ihn bei ihrem Spielzeug und in ihrer Kleidung.

Übung: Malen mit Abtönfarben

Hier bietet sich eine Frühlingswiese mit Blumen wie roten Tulpen, blauen Primeln und gelben Narzissen an. Das Grün der Blätter und des Rasens kommt als vierte Farbe hinzu.

- Tapeten, Zeichenblätter,
- Abtönfarben,
- Pinsel,
- schwarze Tusche, Feder, Filzstifte.

- mit breiten Pinselstrichen werden die Farben nah aneinander gesetzt;
- mit schwarzer Tusche oder schwarzem Konturenstift lassen sich auch einige Häuserformen zeichnen; so hat man klare und verlaufende Formen nebeneinander.

Übung: Fensterbild

Bei dieser Übung wird die Feinmotorik gefördert. Je jünger das Kind ist, desto einfacher sollte die Ausschneidetechnik sein. Ein fünfjähriges Kind kann im Allgemeinen schon sehr ordentlich ausschneiden und mit Transparentpapier umgehen.

- Tonpapier, schwarz,
- Transparentpapiere, farbig,
- Klebstoff,
- Entwurfpapier.

- Entwurf kann abstrakt sein;
- geometrische Formen werden aneinander gesetzt;
- besonders zu beachten ist beim Entwurf, dass zwischen den einzelnen Motiven immer Stege zum Hinterkleben des Transparentpapieres stehenbleiben;
- bei kleineren Kindern sollten die Stege ungefähr 2 cm breit sein.

Der Hell-Dunkel-Kontrast

Dieser Kontrast entsteht aus der Zusammenstellung heller und dunkler Farben. Primäre Farben haben einen bestimmten Helligkeitsgrad. Gelb ist heller als Rot, Blau ist dunkler als Rot. Bei den Sekundärfarben steht das Orange zwischen Gelb und Rot, das Grün zwischen Gelb und Blau, Violett ist dunkler als Blau und Rot.

Der stärkste Hell-Dunkel-Kontrast ist der Schwarz-Weiß-Kontrast (unbunte Farben). Zwischen diesen beiden Polen sind sehr viele Zwischentöne (Grautöne) möglich. Das gleiche gilt für die Farbbereiche, zum Beispiel kann Blau oder Rot mit Weiß aufgehellt oder mit Schwarz abgedunkelt werden.

Der Hell-Dunkel-Kontrast

Der Maler Wassily Kandinsky schreibt zum Farbempfinden: „Grau ist klanglos und unbeweglich – helles Blau ist einer Flöte ähnlich, je dunkler es wird, desto mehr ähnelt es dem Klang der Bassgeige, zuletzt der Orgel.“

(aus : „Das Geistige in der Kunst“, 1912)

Übung: Kleisterpapier

- Zeichenblätter, Tapetenreste,
- Tapetenkleister,
- Pulverfarben,
- Verpackungsmaterialien, zum Beispiel Joghurtbecher und Verschlusskappen,
- selbstgefertigter Kamm aus Pappe,
- breiter Pinsel (nur für den Kleister),
- dicker Pinsel (für die Grundfarbe),
- dicker Pinsel (für schwarze Farbe).

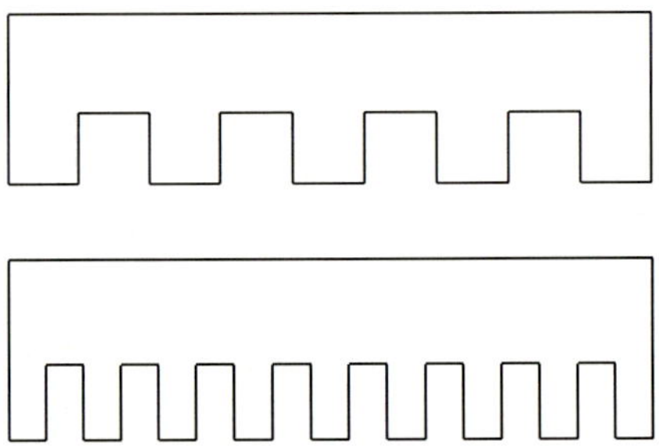

Kämme aus Pappe

- mit Wasser angerührter Tapetenkleister wird auf ein Zeichenblatt dick aufgetragen;
- eine gewählte Grundfarbe wird auf einer Seite dick aufgetragen;
- Schwarz kommt auf die andere Blattseite;
- mit einem Yoghurtbecher oder selbstgefertigten Kamm streicht oder schiebt man die Farbe auf die andere Seite zum Schwarz; ebenso geht man mit dem Schwarz vor, sodass das Schwarz und die Grundfarbe sich vermischen und eine Abstufung entsteht. Durch den Einsatz des Pappkamms entstehen helle Kleistergravuren.

Der Kalt-Warm-Kontrast

Unsere Augen nehmen die Erscheinungen der Farbe wahr, dabei stellen sich Farbempfindungen ein. Die Farbe Rot strahlt Wärme aus, beim Anblick von Blau überkommt viele Menschen ein Frieren. Nun gibt es nicht nur eine blaue Farbe, sondern die Tendenz „blau" hat viele verschiedene Erscheinungsbilder. Durch Zumischungen von Schwarz und Weiß ergeben sich verschiedene Abstufungen. Grundsätzlich gilt: Mit Blau gemischte Farben haben eine kalte Ausstrahlung. So kann zum Beispiel ein Rot sowohl warme (mit Gelb gemischte) oder kalte (mit Blau gemischte) Ausstrahlung haben.

Der Kalt-Warm-Kontrast

Übung: Naturcollage

Um den Kindern den Kalt-Warm-Kontrast zu veranschaulichen, kann im Herbst bei gutem Wetter ein Herbstspaziergang gemacht werden: Das Laub leuchtet wie Gold und die Wälder erscheinen gelb, rot und braun. Während des Spaziergangs sollen die Kinder Blätter mit verschiedenen Farben und Formen sammeln, die später aufgeklebt werden.

- Zeichenpapier, Tapetenrolle,
- dicke Pinsel,
- Deckfarben, Wandfarben,
- Klebstoff, Tapetenkleister,
- gesammelte Blätter.

- die Kinder kleben die mitgebrachten Blätter auf und tupfen mit einem dicken Pinsel blaue Farbe dazwischen, die den Himmel darstellen soll; jedes Kind gestaltet ein Blatt für sich; alle Kinder arbeiten nebeneinander an einer (oder mehreren) abgerollten Tapetenrolle;
- bei allen Bildern kann der Waldboden durch die gesammelten Blätter dargestellt werden;
- die Bäume werden mit Farben getupft oder collagiert;
- der Hintergrund, der blaue Himmel und die Sonne können angemalt oder getupft werden.

So entsteht ein großes Gemeinschaftsbild, das im Eingangsbereich des Kindergartens aufgehängt werden kann, dabei werden die Tapetenrollen aneinander geklebt.

Übung: Tupftechnik

Zu dieser Übung kann den Kindern eine Geschichte erzählt werden. Mit etwas Fantasie erfindet man die Geschichte von dem „riesigen Feuervogel in der Arktis", vom „Eiszapfen in der Sonne" oder vom „Feuer in der Nacht", um den Kindern eine Farbeinstimmung zu geben.

- Zeichenblätter, Makulaturpapier,
- dicke Borstenpinsel,
- Deck- oder Wandfarben.

– die Kinder malen und tupfen auf ein großes Zeichenblatt den Feuervogel, der Wärme ausstrahlt und die aus Eis und Schnee bestehende Arktis (die Kinder greifen ganz unbewusst zu den richtigen Farben und stellen intuitiv eine Verbindung zwischen Farben und Begriff her).

Übung: Spiegelbilder

- Zeichenblockpapier,
- Wasser- oder Deckfarben,
- Pinsel,
- Wachsmalstifte,
- Bügeleisen,
- eventuell Klarlack.

– ein kalter und ein warmer Farbton werden auf eine Hälfte des Blattes beliebig aufgetragen;

– das Papier wird in der Mitte gefaltet und aufeinander gedrückt, die Farben müssen noch nass sein;

– das aufgeklappte Papier zeigt nun die verschiedensten Gebilde: einen Schmetterling, ein Gesicht oder eine Blüte;

– das gleiche Experiment kann auch mit Wachsmalstiften gemacht werden, hierbei wird das Papier nach dem Falten gebügelt, damit die Farben ineinander laufen können.

Diese Bilder können aufgehängt oder als Platzdeckchen genutzt werden, letzteres allerdings erst, nachdem sie mit Klarlack überzogen wurden.

Der Komplementär-Kontrast

Komplement bedeutet „Ergänzung", Komplementär-Farben sind darum Ergänzungsfarben. Es gibt immer nur eine Farbe, die zu einer anderen komplementär ist. Jede Grundfarbe steht zur Mischung der beiden anderen Grundfarben im komplementären Kontrast.

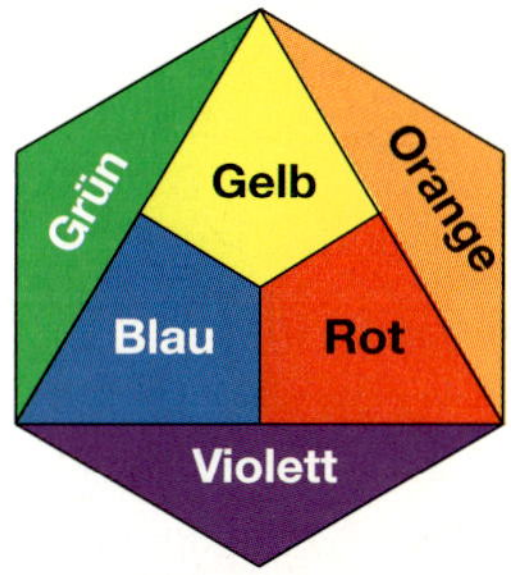

In Ittens Schema ist dies sehr logisch dargestellt. So steht jeder Grundfarbe die entsprechende Komplementärfarbe gegenüber. Im Sechseck schließlich ergeben sich drei Komplementärfarbenpaare.

Auch im zwölf-teiligen Farbkreis stehen sich die komplementären Farben gegenüber. Es sind insgesamt sechs Paare.

Im Nebeneinander steigern sich die beiden Farben des jeweiligen Komlementärfarbenpaares zu höchster Leuchtkraft. In der Mischung neutralisieren sie sich zu Graubraun. Komplementäre Farben wirken immer harmonisch; sie stellen für unser Auge ein vollkommenes Gleichgewicht dar, wenn sie im richtigen Mengenverhältnis vorhanden sind. Die drei hier angesprochenen Farbenpaare haben noch jeweils eine spezifische Eigenart:

Gelb und Violett bilden den stärksten Hell-Dunkel-Kontrast im Farbkreis. Blau und Orange sind kalte und warme Farben und ergeben einen Kalt-Warm-Kontrast. Rot und Grün, die in ihrer Helligkeit auf gleicher Stufe stehen, bilden einen Aktiv-Passiv-Kontrast. Gelb ist zur Mischung von Blau und Rot (= Violett), Blau zur Mischung von Gelb und Rot (= Orange) und schließlich ist Rot zur Mischung von Gelb und Blau (= Grün) komplementär.

Der Komplementär-Kontrast

Übung: Farbkleider

In einem Spiel sollen die 4-5-jährigen Kinder zunächst erkennen, welche Grundfarben gemischt werden müssen, um die Sekundärfarben zu erhalten. Die Kinder bekommen jeweils ein rotes, blaues, violettes, gelbes, grünes oder oranges „Kleid" angezogen. Dann gesellen sich zu den rot und blau angezogenen Kindern die violett angezogenen, zu den rot und gelb angezogenen die orangefarbig angezogenen und zu den blau und gelb gekleideten die grün angezogenen. Dann sollen die Kinder den entsprechenden Kontrastpartner finden. Sie tanzen zu dem Lied „Du gehörst zu mir“ von Rolf Zukowski und können anschließend feststellen, ob Farbvorlieben die Wahl der Tanzpartner beeinflusst haben. Für diesen Tanz sind einige Vorbereitungen zu treffen.

- Zementsäcke, große Papiertüten oder Tapetenbahnen,
- Papier- oder Kartonschere, Tacker,
- Klebstoff,
- Wandfarben,
- große Pinsel.

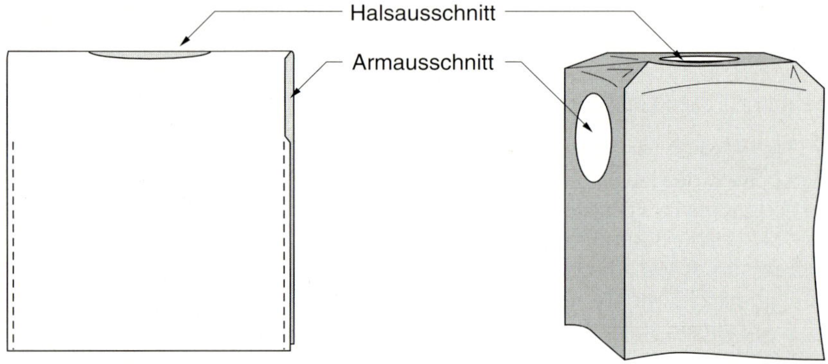

Tapetenbahnen Tüte/Sack

– eine doppelt gelegte Tapetenbahn, die der Länge eines Kleides entspricht, wird vom Armausschnitt abwärts zusammen getackert oder geklebt;
– der Halsausschnitt wird eingeschnitten, sodass der Kopf hindurchpasst;
– mit Wandfarben werden die Kleider in den Farben erster und zweiter Ordnung angemalt.

Übung: Marmorieren

Bei dieser Technik wird großzügig gearbeitet. Die Kinder können mit verschiedenen Materialien vielfältige Muster entwerfen, wodurch ihre Fantasie angeregt wird. Das Vermischen von Farben wird geübt. Mit dieser Technik können marmorartige Musterungen entworfen werden und durch die Mischungen der Komplementärfarben entstehen verschiedene Grau- und Brauntöne.

- Kleister für den Grund,
- geeignete flache Schale, Mindestgröße 15 x 20 cm,
- Marmorierfarben im Handel erhältlich,
- Pinsel, Pipette pro Farbe für den Farbauftrag,
- Hilfsmittel zum Ziehen eines Musters: dünne Stöckchen, lange Nägel, grobe Kämme, selbstgefertigte Kämme aus Nägeln, Stecknadeln,

- Makulaturpapier, Packpapier, dickeres Japanpapier, Ingres-Papier,
- Stoffe: gewaschene Seiden- und Baumwollstoffe,
- Stoffmalfarben, speziell zum Marmorieren.

– den angerührten Kleister in eine Schale gießen, sodass diese ungefähr zu $^{3}/_{4}$ voll ist;

– zwei Komplementärfarben, zum Beispiel Gelb und Violett, auf die Oberfläche klecksen;

– mit einem Hilfsmittel Muster „ziehen";

– das Papier langsam und gleichmäßig abrollend auf die Schale auflegen, sodass keine Blasen entstehen, und das Papier leicht andrücken;

– anschließend das Papier vorsichtig hochnehmen und überschüssigen Kleister ablaufen lassen oder abbrausen;

– zum Trocknen auf Zeitungen auslegen (nicht in die Nähe einer Heizung, zu schnelles Trocknen hat das Abblättern der Farbe zur Folge);

– für die weitere Bearbeitung sollten die Blätter zwischen Holz- oder Glasplatten gepresst werden;

– für den nächsten Arbeitsgang die Kleisteroberfläche mit einem Zeitungspapier abziehen, säubern und von Farbresten befreien;

– mit einiger Erfahrung kann man auch gezielt bestimmte Musterungen entwerfen;

– Verwendung: Schmuckpapiere für Bucheinbände.

Marmoriertechnik auf Seide

Der Simultan-Kontrast

Der Sukzessiv-Kontrast

Auch der Simultan-Kontrast beruht auf dem Komplementär-Gesetz, nach dem jede reine Farbe physiologisch nach der Gegenfarbe, ihrem Komplement (Ergänzung), verlangt. Ist diese Farbe nicht vorhanden, so erzeugt das Auge simultan (zugleich, gleichzeitig) die Komplementärfarbe: Ein starkes Rot lässt ein danebenstehendes neutrales Grau grünlichgrau erscheinen, während ein starkes Grün das gleiche Grau rötlichgrau wirken lässt.

Der Simultan-Kontrast und der Sukzessiv-Kontrast liegen nahe zusammen. Während beim Simultan-Kontrast die komplementären Farben gleichzeitig gesehen werden, sieht man sie beim Sukzessiv-Kontrast nacheinander. Schauen wir zum Beispiel intensiv auf eine rote Fläche und nehmen diese dann weg, so sehen wir auf einem weißen Untergrund eine grüne Fläche.

Der Simultan-Kontrast

Übung: „Sehtest“

- Pappen, 1 x 1 m und 30 x 30 cm;
- Teppichmesser;
- Abtönfarben;
- Quast.

– große Pappen ungefähr 1 x 1 m, jeweils in drei Farben (Abtönfarben) mit einem Quast anmalen;

– aus kleineren Pappen Quadrate von ungefähr 30 x 30 cm zuschneiden, grau anmalen und in der Mitte der großen Pappen befestigen.

Bei dieser Übung müssen die Grautöne auf einer Stufe mit der jeweiligen Untergrundfarbe stehen. Der Betrachter stand nun zum Beispiel eine Zeitlang intensiv auf das hellgraue Quadrat auf einer gelben Fläche. Es wirkt jetzt violett. Das graue Quadrat auf der roten Fläche wirkt grün und das graue Quadrat auf der blauen Fläche wirkt orange. Das so genannte „Aha-Erlebnis“ bleibt nicht aus. Alle erleben den Effekt und sehen die jeweilige Ergänzungsfarbe.

Übung: Farbige Bälle

Vor eine große, weiße Papierscheibe soll eine rote, blaue oder gelbe Scheibe gehängt werden. Macht man die Übung zum Beispiel mit der gelben Scheibe und schaut eine Zeit lang sehr intensiv darauf, so sieht man auch nach Wegnahme der gelben Scheibe dass dort, wo die gelbe Scheibe war, auf der weißen Scheibe plötzlich eine violette erscheint.

- Pappen, Wandfarben,
- Quast und Pinsel,
- Bindfäden,
- Schere, Teppichmesser.

- aus einer großen Pappe einen großen Kreis (Durchmesser etwa 1 m) schneiden und mit weißer Wandfarbe anstreichen;

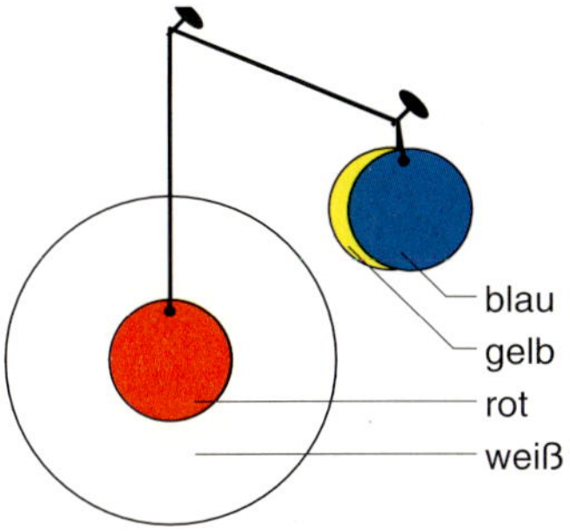

- weitere Scheiben (Durchmesser etwa 30-40 cm ausschneiden und mit den Farben gelb, blau und rot anmalen; diese kleineren Scheiben jeweils an einem Bindfaden (ungefähr 1 m lang) befestigen und die drei Bindfadenenden oberhalb der an der Wand befestigten weißen Papierscheibe an einem Nagel festbinden, sodass die kleineren Scheiben ungefähr in der Mitte der größeren Scheibe hängen;
- außerdem einen Nagel außerhalb des Kreises anbringen, damit die zwei nicht benutzten Scheiben immer weggehängt werden können (siehe Skizze).

Übung: Farbbrillen (Sukzessiv-Kontrast)

Spaß wird es den Kindern auch machen, wenn man mit ihnen große Brillen, ähnlich wie Halbmasken, fertigt. Die Kinder setzen zu diesem „Versuch“ die Brille mit der Farbe ihrer Wahl (gelb, blau oder rot), mindestens eine Minute auf und schauen danach ohne die Brille auf eine weiße oder graue Fläche.

Das Phänomen des Farbeffekts wird sehr gut erkannt, obwohl die Farben nacheinander und nicht gleichzeitig erscheinen.

- Karton, mittlere Stärke,
- Transparentpapiere in den Grundfarben (gelb, blau, rot),
- Klebstoff,
- Hutgummi.

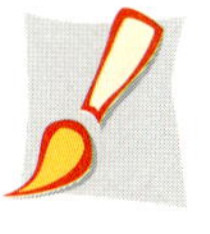

- auf mittelstarken Karton einen einfachen Brillenrand aufzeichnen und ausschneiden;
- Transparentpapier ersetzt die „Gläser“;
- jeweils eine Brille in gelb, blau und rot anfertigen;
- mit Hutgummi befestigen.

Der Qualitäts-Kontrast

Auf Farben bezogen sagt der Begriff Qualität etwas über den Reinheitsgrad und die Intensität der jeweiligen Farbe aus.

Der Qualitäts-Kontrast bezeichnet den Gegensatz zwischen starken, leuchtenden und schwachen, getrübten Farben. Der Kontrast ist am stärksten, wenn man jeweils von einer reinen Farbe ausgeht (die reinsten Farben sind die Primär- und Sekundärfarben). Sobald die reinen Farben mit Weiß, Schwarz oder Grau gebrochen werden, verlieren sie an Leuchtkraft.

Übung: Collage

Kinder schneiden, reißen und kleben gern Papiere zu einer Collage. Für eine Collage wird eine Farbe erster oder zweiter Ordnung als Ausgangspunkt gewählt. Dann werden aus Illustrierten Bilder ausgesucht, die aus dieser Farbe bestehen, zusätzlich werden auch Motive gewählt, die Abstufungen (ins Schwarze, Graue oder Weiße) dieser Farbe enthalten.

Der Qualitäts-Kontrast

- farbige Illustrierte,
- Schere,
- Zeichenblatt,
- Klebstoff.

- eine Farbe erster oder zweiter Ordnung bestimmen;
- aus Illustrierten die Farbe und ihre Abstufungen heraussuchen, ausschneiden oder -reißen;
- ein großes Zeichenblatt dient als Unterlage;
- die Formen abstrakt oder gegenständlich wählen.

Übung: Materialbild

Viele Kinder sind gern handwerklich tätig. Sie sammeln auch sehr gerne, meistens mit Leidenschaft. Daher sollen Verpackungs- und Naturmaterialien, grobe und feine Stoffe, Bänder, Wollreste usw. gesammelt und bearbeitet werden. Diese Übung sollte rechtzeitig angekündigt werden, sodass die Kinder auch zu Hause nachfragen können.

- dicker Karton (Verpackungsmaterial, ungefähr 1 x 1 m),
- Verpackungs- und Naturmaterialien, Stoffe, Knöpfe, Reißverschlüsse, altes Spielzeug,
- Klebstoff,
- Abtön- oder Wandfarben,
- dicke Pinsel,
- eventuell Klarlack.

- einen großen und stabilen Karton auswählen, wobei das Format beliebig sein kann (quadratisch, rund oder als Streifen);
- hierauf werden die gesammelten Materialien in freier Anordnung gelegt (bei dieser Übung kann sich die Fantasie ungehindert entfalten);
- wenn die Flächenaufteilung gefällt, wird alles geklebt;
- nun wird eine Grundfarbe ausgewählt, dazu Schwarz und Weiß; so können auf einem großen Teller verschiedene Abstufungen dieser Grundfarbe gemischt werden;
- mit einem großen Pinsel wird das Relief angemalt (so wie bei der Collage beschrieben);
- wirkt das Materialbild nach dem Trocknen etwas leblos, kann es lackiert werden; dadurch bekommen die Farben eine besondere Intensität und glänzen.

Der Quantitäts-Kontrast (Mengenkontrast)

Der Quantitäts-Kontrast bezieht sich auf das Größenverhältnis von zwei oder mehreren Farbflecken. Er ist also als Gegensatz „viel und wenig" oder „groß und klein" zu verstehen. Soll das Gleichgewicht (Harmonie) zwischen den Farben erreicht werden, müssen Leuchtkraft und Flächengröße in Einklang gebracht werden.

Der Quantitäts-Kontrast

Goethe hat in seiner Farbenlehre folgende harmonische Flächenverhältnisse für komplementäre Farben ermittelt:

Gelb : Violett = 1 : 3   Orange : Blau = 1 : 2   Rot : Grün = 1 : 1

Wenn keine harmonischen Mengenverhältnisse gewählt werden, sondern eine Farbe dominiert, wird eine expressive (spannungsvolle) Wirkung erzielt.

Übung: Mischtechnik

Kinder können bei dem Farbkontrast „viel-wenig" erleben, wie kleine Farbmengen, z.B. Rot eine große Leuchtkraft gewinnen, wenn sie sich auf einer großen Fläche, zum Beispiel Grün, behaupten müssen.

- Zeichenblätter, Tapetenrolle,
- Deckfarben,
- breite Borstenpinsel,
- farbige Papiere in der jeweiligen Komplementärfarbe,
- Klebstoff.

- eine Fläche wird in Blau oder Violett gemalt und gelbe Papierschnipsel werden als Sterne in den Nachthimmel gesetzt;
- eine grüne Fläche soll eine Wiese darstellen, sie wird in Deckfarben gemalt, rot ausgeschnittene Papiere werden als Blumen aufgeklebt;
- eine Fläche wird blau angemalt, mit orangefarbigen Schnipseln kann dann ein Gesicht gestaltet werden.

Übung: Frottage

Viele Kinder haben sicher schon Spielgeld aus echten Münzen durchgerieben und ausgeschnitten. Daher können sie auch eine größere Fläche durchreiben.

- grobe Stoffe wie Leinen, Sack, Leinwand, Siebleinen,
- Sichtbetonflächen, strukturierte Hölzer,
- Zeichenpapier,
- Wachsmalstifte in den Farben erster und zweiter Ordnung.

- Wachsmalstifte in den Farben des Komplementärkontrasts wählen;
- eine Fläche wird zum Beispiel in Violett durchgerieben, darauf setzt man sparsam Flächen oder Punkte in Gelb; so erhält man den Quantitätskontrast. Natürlich wird ein solcher Begriff Kindern nicht vermittelt.

Übung: Clowngeschichte (Bilderbuch)

Eine gute Möglichkeit auch für Kinder die Erfahrungen bei den Farblehrethemen gemacht haben, besteht in der Gestaltung eines Bilderbuches oder eines Leporellos (siehe Erlebnisleporello, K. 1.3.5). Beim Bilderbuch werden die Seiten auf einfache Weise zusammengehalten. Sie können gelocht und mit einer Kordel zusammengebunden werden.

Die Kinderpflegerin kann den Kindern eine Geschichte erzählen zum Beispiel: Einem kleinen traurigen Clown ist es in seinem Leben zu langweilig geworden. Er steht auf einem grauen Würfel, der sein Verharren in Gewohnheiten deutlich machen soll. Plötzlich kommt ein roter Ball angerollt. Er zögert lange, doch dann springt er darauf und rollt mit diesem weiter. Nun erlebt er eine Reise durch das Wunderland der Farben, wobei der Clown stets die Farbe des Hintergrundes annimmt – der Ball bleibt rot.

- der rote Ball hüpft mit dem Clown zu spielenden Kindern; die haben noch viele bunte (blaue, gelbe, grüne, orange) Bälle (Farbe-an-sich-Kontrast);
- der rote Ball rollt ganz langsam durch die schwarze Nacht (Hell-Dunkel-Kontrast);
- der rote Ball hebt in die Lüfte, der Clown reitet darauf wie der Baron von Münchhausen, nach langer Reise landet er am Nordpol (Kalt-Warm-Kontrast);
- der rote Ball hüpft mit dem Clown durch einen herrlichen grünen Wald (Komplementär-Kontrast, auch Quantitäts-Kontrast);
- der rote Ball fällt auf eine große graue Decke (Sehübung: Unser Auge „macht“ eine Farbe, um den Ball entsteht ein grüner Ring (Simultan-Kontrast);
- der rote Ball rollt mit dem Clown durch einen grau-braunen Novemberwald (Qualitäts- und Quantitäts-Kontrast).

Man kann diese Aufgabe auch mit Bewegungsspielen erweitern. Natürlich wird den Kindern auch eine ganze Menge an Stationen auf dieser Reise einfallen, die dann in eine Farbaufgabe umgewandelt werden können. Die Farbbegriffe der Farbenlehre werden den Kindern gegenüber durch kindgemäße Ausdrücke wie Hell-Dunkel oder Kalt-Warm ersetzt. Die Gestaltung der Clowngeschichte ist sehr gut mit der Deckfarbenmalerei möglich, aber auch eine Mischtechnik, zum Beispiel Eindrucken des roten Balls mit einem Druckstempel, bietet sich an.

2.2.7 Farbharmonien

Harmonie bedeutet Übereinstimmung und, bezogen auf die Farbenlehre, das ausgewogene, maßvolle Verhältnis der Farbflächen zueinander. „Zwei oder mehrere Farben sind harmonisch, wenn sie zusammengemischt ein neutrales Grau ergeben“, definierte Itten die Farbharmonie.

Wilhelm Ostwald (1853-1932) äußert sich zur Farbharmonie folgendermaßen:
„Gewisse Zusammenstellungen verschiedener Farben wirken angenehm, andere unangenehm oder gleichgültig. Angenehm wirken solche Farben, zwischen denen ein gesetzmäßiger Zusammenhang, eine Ordnung besteht.“

Harmonisch sind solche Farben, die sich mithilfe eines gleichschenkligen Dreiecks, eines Quadrates oder eines Rechtecks im zwölfteiligen Farbkreis finden lassen. Diese Grundformen werden so gedreht, dass ihre Spitzen auf die Mitte der Farbfelder des Farbkreises zeigen. Berührungspunkte beim Dreieck sind zum Beispiel: Gelb, Rot, Blau. Wird das Dreieck um eine Farbe weiter gedreht, sind es die Farben: Gelb-Orange, Rot-Violett, Blau-Grün.
Berührungspunkte beim Rechteck sind zum Beispiel: Gelb-Grün, Gelb-Orange, Rot-Violett, Blau-Violett. Berührungspunkte beim Quadrat sind zum Beispiel: Gelb, Rot-Orange, Violett, Blau-Grün. Wird es zur nächsten Farbe gedreht, zeigt es auf die Farben: Gelb-Orange, Rot, Blau-Violett, Grün.

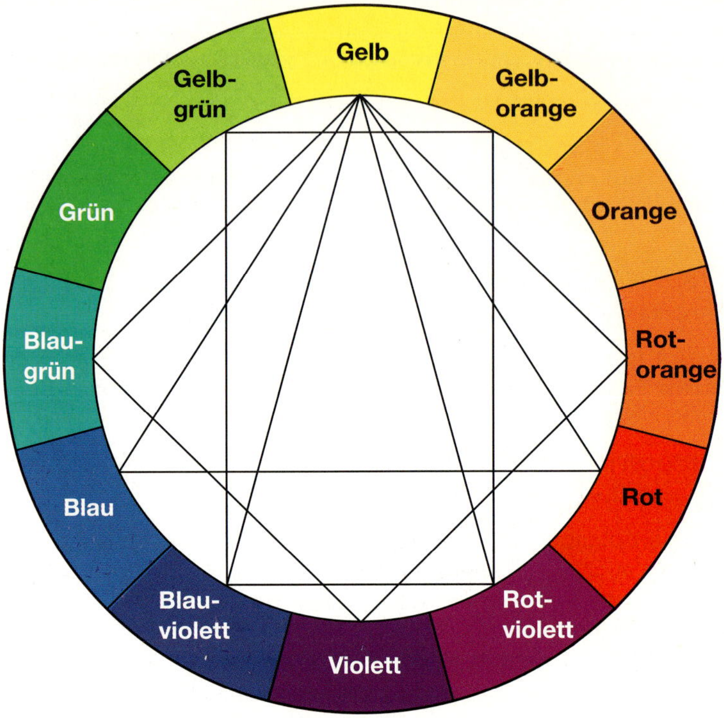

Übungen zur Farbharmonie

Je nachdem ob die Bezugsfigur ein Dreieck oder ein Viereck ist, entsteht ein Dreiklang oder ein Vierklang, wobei ein gleichschenkliges Dreieck und ein Quadrat durch gleichweite Entfernungen der Eckpunkte die stärksten Kontrastfarben aufzeigen. Die Erarbeitung der Farbharmonien ist eine Aufgabe, die für Kinder nicht sinnvoll ist. Für die Erarbeitung im Kunstunterricht werden die Bezugsfiguren aus schwarzem Papier ausgeschnitten, diese lassen sich nun drehen. Man kann aus geometrischen Formen Flaggen entwerfen, oder ein Piktogramm entwickeln.

Subjektive Farbklänge

Das Wort „subjektiv“ bedeutet so viel wie: persönlich, ichbezogen. Ein Farbklang ist ein Zusammenhang von Farben.

Unsere persönliche Empfindung steht bei den subjektiven Farbklängen im Vordergrund. Sie haben jedoch keinen objektiven Wert und sind nicht allgemeingültig. Johannes Itten arbeitete mit seinen Schülern an Farbakkorden. Die gefühlsmäßig gestaltete Arbeit ließ sich verblüffenderweise jedem Schüler zuordnen. Jeder hielt seine Arbeit unter sein Gesicht und die Übereinstimmung von Typ, Haarfarbe, Teint und Lieblingsfarben war erstaunlich. Wichtig ist bei dieser Übung allerdings, dass derjenige, der die Aufgabe ausführt, vorher nichts von der Auswertung weiß.

Subjektive Farbklänge

Übung:
Malen mit Deckfarben

Die Kinder bekommen die Aufgabe, ihre Lieblingsfarben zu malen. Bei drei- bis vierjährigen Kindern kann man noch keine besondere Fähigkeit im Mischen von Farben erwarten. Fünf- und sechsjährige Kinder dagegen könnten bei dieser Übung selbstständig arbeiten, eventuell mithilfe der Erzieherin.

- Zeichenblock (DIN-A3), Tapetenrolle,
- dicker Haar- und breiter Borstenpinsel,
- Deckfarben.

- auf großem Papier wird mit einem breiten Pinsel eine Farbfläche an die andere gesetzt (zum Beispiel Würfelmuster);
- zwischen den Farben wird etwas Platz gelassen, damit die Farben sich nicht vermischen können;
- sobald die Farbfläche angetrocknet ist, werden mit einem dicken Haarpinsel schwarze Striche zwischen die Felder gezogen.

2.2.8 Farbwirkung

Farben sind Erscheinungen, die Empfindungen in uns auslösen. Nicht nur optisch und psychisch, sondern auch rein körperlich (physisch) sind Farben wirksam.

„Führt man einen blinden Menschen in einen Raum, der in kaltem Türkis gestrichen ist, sinkt seine Körpertemperatur. Führt man den Blinden in einen orange-rot gestrichenen Raum, steigt seine Körpertemperatur, obwohl die Raumtemperatur in beiden Räumen gleich ist" und: „Die Energiestrahlung Farbe wird vom Körper wahrgenommen" (Stepanie Faber).

Das Wissen von den Wirkungen von Farben sollte bei der farbigen Gestaltung von Räumen, in denen Menschen leben, berücksichtigt werden. In einem Krankenhaus sind freundliche Farben angebracht, zum Beispiel Gelbtöne, in einem Kindergarten Töne, die der Lebendigkeit von Kindern entsprechen, in einem Managerzimmer sind eher Grüntöne angebracht, da sie bekanntlich beruhigend wirken.

Dass den Menschen Farben schon immer wichtig waren, wird auch daran deutlich, dass sie als Symbole dienen. So steht in unserem Kulturkreis die Farbe Rot für die Liebe, aber auch für Gewalt, die Farbe Blau für Treue, Sehnsucht und Distanz (Farbe der Romantiker). Die Farbe Gelb steht für Geistigkeit und Kommunikation (Post), nur wenn sie durch Trübung unangenehm wirkt, bedeutet sie Neid. Die Farbe Orange steht für Wärme (auch Aufdringlichkeit). Die Farbe Violett ist Symbol für das Geheimnisvolle (Mystik) oder auch für Würde (Kirche). Die Farbe Grün bedeutet Hoffnung und Neuanfang. Die unbunte Farbe Schwarz bedeutet Tod, die unbunte Farbe Weiß Unschuld. In anderen Kulturen haben Farben ganz andere Bedeutungen. So ist zum Beispiel in Asien Weiß die Farbe der Trauer.

Menschen haben Vorlieben für bestimmte Farben. Das kann sich auch in der Kleidung ausdrücken. So gibt es Menschen, die immer nur Blau tragen und sie wären todunglücklich, wenn sie Rot tragen müssten. Die Farbe Blau steht übrigens weit an der Spitze der Lieblingsfarben der Bevölkerung in Deutschland, wie sich bei einer Umfrage unter einer großeren Gruppe von Frauen und Männern herausstellte. In der Vorliebe für Farben spiegelt sich auch seelische Befindlichkeit wider. So wird ein trauriges, vielleicht seelisch gestörtes Kind beim Malen dunkle und getrübte Farben verwenden. Ein fröhliches und seelisch gesundes Kind wird reine, leuchtende Farben bevorzugen.

Gerade als Kinderpflegerin soll man dem Kind die Möglichkeit geben, Farben intensiv zu erleben. Dabei soll großzügig gearbeitet werden. Für viele Kinder ist es ein Erlebnis, große Flächen, zum Beispiel Tapetenbahnen, mit dem Quast oder der Rolle anzumalen. Eine Bahn kann in den Farben Orangerot, die andere mit Blaugrün (Türkis) angemalt werden. Im Sommer lassen sich schnell auf dem Rasen ein paar Holzstangen in die Erde bohren, die ein Quadrat oder Rechteck bilden. Diese Stangen verbindet man mit einem dicken Bindfaden oder einer Wäscheleine. Nun können die bemalten Tapetenbahnen darüber gehängt werden, dass ein türkiser und ein orangefarbiger Raum entsteht. Mit den Kindern geht man zuerst in den einen, dann in den anderen Raum und lässt sie jeweils ihre Empfindungen mitteilen. Vielleicht meinen die Kinder, dass man sich in dem türkisen Zimmer wie auf dem Nordpol (sehr kalt) und in dem orangen Zimmer wie in der Wüste (sehr warm) fühlt. Erst nach solchen Erlebnissen kann auf Farbordnungen und Farbkontraste eingegangen werden.

Etwas sehr ungewöhnliches kann für die Kinder sein, einmal ganz neue Farbwirkungen zu testen, indem sie Nahrungsmittel mit Lebensmittelfarbe färben. Eltern oder anderen Besuchern können dann zum Beispiel grüner Reis oder blaue Spagetti angeboten werden.

2.3 Die Bildsprache des Kindes

Um Kinderarbeiten zu verstehen, ist es notwendig, die Entwicklungsstufen kindlichen Darstellens zu kennen. Erst dann wird es der Erzieherin möglich, einem Kind behutsam Hilfestellung zu geben. Dabei gibt sie Anregungen, weckt Interesse und hilft dem Kind, eine Darstellung, die ihm nicht gelungen erscheint, selbst zu korrigieren. Um die Umwelt zu erobern, müssen Kinder malen. Ihre Erfahrungen, Erkenntnisse und Gefühle drücken sie in einer eigenen elementaren Bildsprache aus.

2.3.1 Die Entwicklungsstufen der kindlichen Darstellung

Etwa vom ersten bis zweiten Lebensjahr befindet sich das Kind in der Kritzelphase. Aus einem starken Bewegungsdrang heraus entstehen Kritzeleien, die als „Urkreise“ und „Urkreuze“ bezeichnet werden. Zickzackspuren entstehen und erste Schreibversuche werden gemacht.

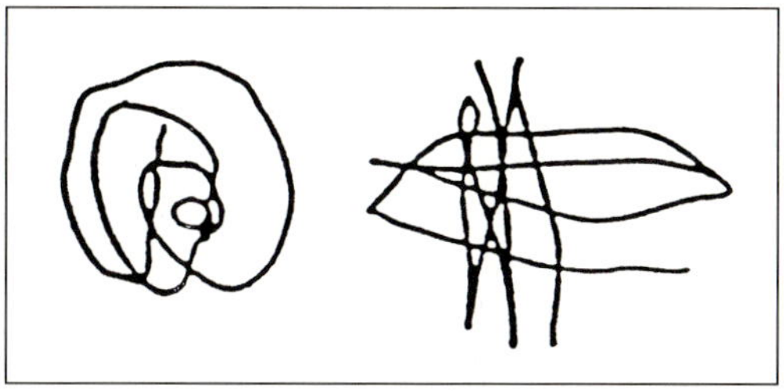

Mit ungefähr drei Jahren beginnt das Kind, seine Kritzeleien zu benennen.

Im Mittelpunkt des kindlichen Interesses steht dann bald der Mensch, und das Kind versucht, alles wiederzugeben, was es neu dazulernt.

Im Alter von drei bis vier Jahren entstehen die so genannten „Kopffüßler“. An einen auf einfachste Weise gezeichneten Kopf werden sofort die Beine angesetzt. Der Körper ist für das Kind noch nicht so wichtig, und so ist diese Darstellung eine Form, die den ganzen Menschen bedeutet.

Im vierten und fünften Lebensjahr wird die Darstellung des Menschen immer vollständiger. Wenn das Kind entdeckt, dass es fünf Finger an jeder Hand hat, malt es in der folgenden Zeit immer wieder diese Finger, häufig auch überdimensional groß, da ihm diese Erkenntnis wichtig ist. Jetzt wird auch der Leib dargestellt. Kinder malen nun auch Bäume und Tiere, wobei die Tiere häufig vermenschlicht werden und menschliche Köpfe bekommen.

Je älter das Kind wird, desto differenzierter werden seine Darstellungen. So schmückt es das Menschenbild immer mehr aus, indem Einzelheiten wie Haare, Hüte oder Kleidermuster gemalt werden.

Die kleine Stephanie wollte den Hund des Nachbarn, einen Dackel, malen. Als die Beine zu lang wurden, radierte sie diese einfach kurz.

2.3.2 Arten der Bildorganisation in kindlichen Darstellungen

Das Kind hält in seinen Bildern das Wichtigste fest. Man bezeichnet diese Darstellunghsart in der Fachsprache als **Prägnanztendenz.** Das bedeutet, alles wird mit klaren, eindeutigen Zeichen und Ordnungen erfasst. In seinen Anordnungen bevorzugt das Kind besonders die Reihung:

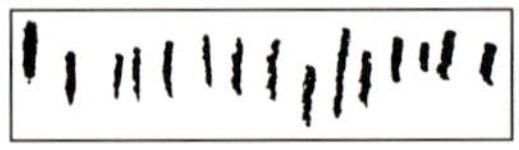

Aber auch die Streuung ist anzutreffen:

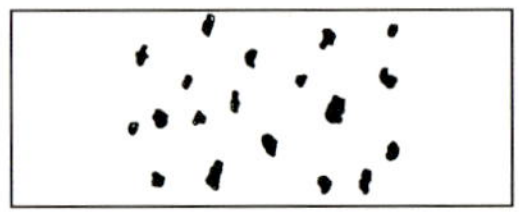

Die Formen sind elementar, wie Kreise oder Quadrate. Das Vorgehen beim Zeichnen ist im Allgemeinen additiv, das heißt, ein Teil wird an das andere gesetzt. Auch beim plastischen Gestalten, etwa mit Ton, geht das Kind so vor. Bei einem Menschen formt es die Köperteile einzeln und setzt sie aneinander.

Das Kind bewältigt den Raum auf einfachste Weise. Es beginnt mit **Standlinienbildern.** Meistens wird auf den unteren Bildrand ein Grasstreifen gesetzt, auf dem dann Bäume, Häuser usw. aufgereiht werden. Am oberen Rand ist der Himmel zu sehen, wo dann auch die Sonne nie vergessen wird. Das Kind ordnet logisch. Alles ist an „seinem" Platz. Später rücken die Streifen auch in die Mitte. Man spricht von **„Streifenbildern"**. Eine schon anspruchsvollere Art, Raum darzustellen, sind die so genannten **„Simultanbilder"** (Klappbilder). Auf beinahe geniale Weise stellt das Kind zum Beispiel die Ansichten eines Hauses dar.

So bekommt man auf einmal eine recht genaue Vorstellung von einem Haus, wobei nicht ein bestimmtes Haus gemeint ist, sondern das Wesen des Hauses an sich.

Der russische Maler **Alexej Kandinsky** (1866-1944) sagte einmal: „Das Praktisch-Zweckmäßige ist dem Kind fremd, da es jedes Ding mit ungewohnten Augen anschaut und noch die ungetrübte Fähigkeit besitzt, das Ding als solches aufzunehmen. So entblößt sich in jeder Kinderzeichnung ohne Ausnahme, der innere Klang des Gegenstandes von selbst".

Das Kind besitzt eine sehr beeindruckende Methode, den unsichtbaren Raum darzustellen. Es „röntgt" kurzerhand das dargestellte Objekt oder die Figur. Mit einem solchen **Röntgenbild** macht es zum Beispiel deutlich, dass eine Frau ein Kind oder dass ein Tier Junge bekommt, oder es zeigt, was alles in einem Haus ist, von dem man normalerweise nur die Außenwände sehen kann.

Wenn man von Kindern gemalte Bäume betrachtet, kann man ebenfalls die kindliche Tendenz, immer die prägnantesten Darstellungsmöglichkeiten zu suchen, beobachten. Die Kinder wählen sehr oft die Richtungen „senkrecht" und „waagerecht" (der Baumstamm wird senkrecht gemalt, die Äste waagerecht). Es gibt keine deutlichere Richtungsänderung. Sehr häufig wird der rechte Winkel gewählt. Das ist auch zu beobachten, wenn das Kind Dinge malt, die auf eine schräge Linie gesetzt werden, zum Beispiel ein Schornstein auf einem Hausdach.

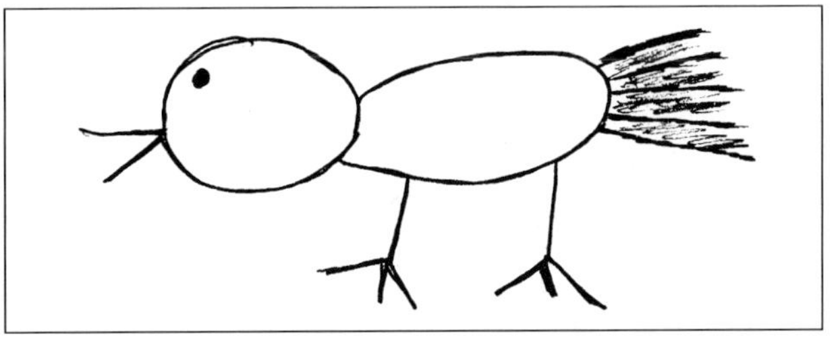

Die Ansichten einer Figur oder eines Gegenstandes, die das Kind wählt, sind meistens frontal. So malt es den Menschen im Allgemeinen von vorn, da die Darstellung seines Körpers von der Seite einfach optisch nicht so interessant ist. Will es aber einen Pferde- oder Vogelkopf malen, wählt das Kind nun die Seitenansicht, da sie viel ausdrucksstärker ist als die Frontalansicht.

Die Farbgestaltung des Kindes ist meistens subjektiv. Der Erscheinungsfarbe der Gegenstände wird keine wesentliche Bedeutung zugemessen. So malt es ein Pferd einfach blau oder einen Schneemann grün und drückt seine Gefühle in ausdrucksstarken (expressiven) Farben aus. Eine Kunstrichtung, die um die Jahrhundertwende in Frankreich entstand, arbeitet auch mit solchen leuchtenden Farben, die nicht der Natur entsprechen, sondern der inneren Befindlichkeit. Es ist der Expressionismus. Viele Kinder betrachten auch besonders interessiert expressionistische Bilder (wie Gesichter) im Museum oder auf Plakaten. Die Erzieherin sollte sich bei allem scheinbar spielerischen Tun des Kindes darüber klar sein, dass das Kind arbeitet. Es ringt um Lösungen, „es wetzt seinen Geist". Starke Fantasiekräfte sind am Werk. Gesehenes, Erlebtes und Geträumtes wird zusammengebracht. Wirklichkeit und Traum sind bei ihm gegenwärtig. Die Kreativität des Kindes ist für den Erwachsenen später nicht mehr erreichbar, es sei denn, er behält sich einen Zugang als aktiver Künstler.

Zum methodlschen Vorgehen des Erziehenden sei gesagt, dass er sich am besten nicht einmischt. Seine Hilfe bleibt indirekt. Er kann dem Kind behilflich sein, sich zu öffnen, indem er großzügige Techniken und große Papierformate anbietet. Satt mit Binderfarben, die zu teuer und beim Antrocknen nicht mehr aus dem Pinsel zu entfernen sind, ist es preiswerter und auch vielseitiger, mit Pulverfarben zu arbeiten. Die Kinder setzen den feuchten Pinsel in die Farbhäufchen oder sie verrühren Kleister mit ein wenig Farbpulver. Mit dieser Kleisterfarbe lässt sich herrlich arbeiten. Auch Malen nach Musik macht Kindern Spaß, zum Beispiel nach „Peter und der Wolf".

Nicht auf dem fertigen Bild liegt der Hauptakzent der erzieherischen Arbeit beim Malen, sondern auf dem Malprozess selbst, auf der aktiven, selbstständigen Tätigkeit. Diese zu fördern und dem Kind so Hilfestellung zu leisten, ist wichtiger als das nur schöne Ergebnis erzielen zu wollen.

Lineal und Zirkel sind bei der Kindermalerei absolut fehl am Platz. Auch dem Malbuch sollte wenig Bedeutung zugemessen werden, denn Anleitungen hemmen die kindlichen, schöpferischen Kräfte.

Kurzübersicht über die Bildsprache des Kindes

1. Entwicklung kindlicher Darstellungsweisen

Kritzelphase:	Urkreis, Urkreuz, Zickzackspuren (ca. 2-3 Jahre)
erste Darstellungsversuche:	Benennung der Kritzeleien (ca. 3 Jahre)
erste menschliche Darstellungen:	Kopffüßler (ca. 4 Jahre)
Darstellungen der Umwelt:	Häuser, Bäume, Tiere (häufig vermenschlicht) (ca. ab 4 Jahre)

Es ist nur möglich einen ungefähren Zeitpunkt anzugeben, da sich Kinder unterschiedlich entwickeln.

2. Arten der Bildorganisation beim Kind

Anordnungen:
- Streuung, Reihung,

Formen:
- elementare Grundformen wie Quadrat, Rechteck, Kreis,
- additives Vorgehen (zum Beispiel beim Aufbau einer menschlichen Figur),

Richtungen:
- senkrecht, waagerecht (zum Beispiel beim Zeichnen von Bäumen),
- Ordnungsprinzipien des rechten Winkels,

Raum:
- Standlinien oder Streifenbilder,
- Simultanbilder (Klappbilder),
- Röntgenbilder,

Größenordnung: • unabhängig von der Realität (Wichtiges wird groß, Unwichtiges klein gezeichnet),

Ansicht: • zunächst nur Frontalansicht, später auch Seitenansichten (letztere wenn sie prägnanter sind als Frontalansichten),

Farbe: • subjektive Farbgebung, der Erscheinungsfarbe der Gegenstände wird keine wesentliche Bedeutung zugemessen.

Zeichnen und Malen mit Kindern

Wie aus dem vorausgegangenen Kapitel zu ersehen ist, betätigen sich Kinder zunächst zeichnerisch, indem sie Stifte in die Hand nehmen und Linien auf das Papier bringen. Später wird dann mit dem Pinsel und mit Deckfarben gemalt. Wichtig ist, dass sie die Möglichkeit zu großzügiger Gestaltung bekommen. So ist es besser, jüngeren Kindern dicke Buntstifte (Farbriesen) zu geben als die üblichen feinen Buntstifte, wobei es durchaus auch denkbar ist, dass diese Stifte mit eingesetzt werden. Ein Angebot an verschiedenen Techniken beflügelt die Fantasie des Kindes. Materialien, die sich für das Zeichnen anbieten, sind weiche Grafitstifte (ohne Holzeinfassung), Wachsmalstifte (Möglichkeiten auskundschaften zum Beispiel in Farbflächen hineinkratzen), Ölkreiden, Filzstifte (nicht zu häufig anwenden, da sie zur Oberflächlichkeit verleiten), Tafelkreiden, usw.

Warum sollte es nicht einmal möglich sein, dass Kinder mit Zeichenkohle umgehen? Sie können die Kohle verreiben und so große Elefanten oder große, dunkle Bäume im November darstellen. Mit der Tafelkreide können große Flächen wie Tafeln, Rollenpapiere (Makulaturpapier), Schulhofböden usw. gestaltet werden. Wichtig ist es, Neues auszuprobieren. Das Malen mit Wachs- oder Ölkreiden auf dunklem Untergrund (Tonpapier, Packpapier) zeigt eine ganz andere Wirkung als auf weißem Papier. Auf Packpapieren wirken Kreiden besonders schön. Eine zeichnerische Technik, die bereits zu den Drucktechniken gehört, ist die Monotypie. Sie wird im dritten Kapitel unter Drucktechniken beschrieben.

Mit dem Borsten- oder Haarpinsel lassen sich auch sehr eindrucksvolle Spuren auf das Papier bringen. Das kann ganz ungegenständlich geschehen. Der Junge auf dem Foto spielt mit den Bildelementen Punkt und Linie. Ein solches

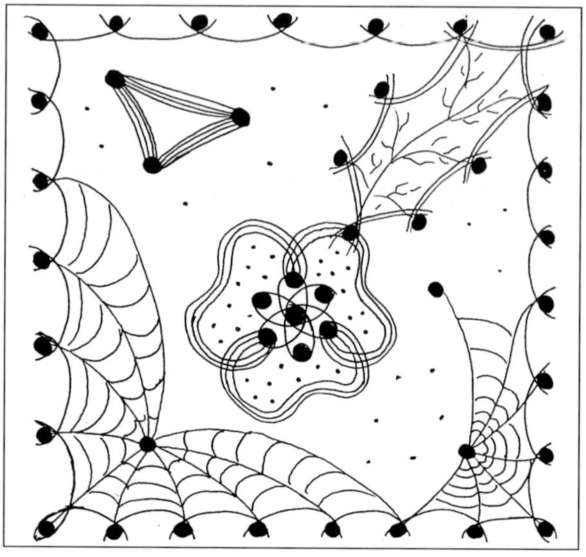

Spiel kann auch gelenkt werden, indem zum Beispiel ein Punkteverbindungsspiel angeboten wird. Es werden Punkte gesetzt (wie ein Sternenhimmel) und diese dann durch Linien verbunden. Die entstandenen Felder werden nun mit verschiedenen Linienarten gestaltet (gerade, gewellte oder gezackte Linien). Zu erreichen sind diese Linienarten auch durch Bewegungsspiele.

Runde Bewegungsspuren ergeben sich, wenn zum Beispiel Punkte Slalomstangen bedeuten und der kleine Zeichner nun mit seinen Linien Slalom fährt, oder wenn jeder Punkt ein Stein im Wasser ist. Eckige Bewegungsspuren entstehen, wenn die Punkte Bäume bedeuten, um die ein Hase Haken schlägt.

Punkteverbindungsspiele (Schülerarbeiten)

Die Bewegungsfreude des Kindes kann auch durch die Musik unterstützt werden. Das Kind kann dabei Linien fahren wie eine Eisprinzessin auf dem Eis (das ist mit beiden Händen möglich!) Die Linien fließen besonders gut, wenn die Melodie der „Moldau“ von Smetana erklingt. Die Bewegung dieses Flusses, die in der Musik besonders gut zum Ausdruck kommt, und sicherlich auch schon ein Kind nachempfinden.

Das Malen mit Deckfarben ist eine sehr elementare Technik und bei Kindern sehr beliebt. Das Bekannte sollte aber auch hier durch neue Techniken erweitert werden. Es gibt viele Mischtechniken: zusätzlich zu den Deckfarben kann man mit Wachskreiden oder Ölkreiden malen und Papierteile (Seidenpapier oder Teile aus Zeitungen oder Illustrierten) einkleben.

Ein ganz anderer Eindruck entsteht, wenn mit Kreiden und Seidenpapieren auf dunklem Grund gearbeitet wird. Große Farbflächen lassen sich mit einem Druckstempel (Pappe, Styropor) auflockern. Mit einem Baumstempel kann eine Allee gedruckt werden. Eine reizvolle Art, Linien und Farbe zu verbinden, ist die Konturenmalerei. Zunächst wird das Motiv, zum Beispiel ein Fantasievogel, mit dem Pinsel (schwarze Tusche) aufgetragen. Dabei entstehen viele Felder. Diese werden nun farbig ausgemalt. Es ist auch möglich, Linienelemente plastisch herauszuarbeiten, etwa mit Kleisterpapieren oder Papierbrei und dann später alles anzumalen, wobei die Kanten dunkel herausgehoben werden können. Eine Möglichkeit einen anderen Malgrund zu schaffen besteht darin, eine Pappe mit Gipsbindenstreifen zu versehen (eventuell auch die Rückseite, da Pappe sich sonst wölbt), Styroporplatten hingegen bleiben glatt). Auf diesem Malgrund kann dann mit Deckfarben gemalt werden. Besonders gut kommt das Material zur Geltung, wenn die Farben stark mit Wasser verdünnt werden.

Bei neuen Techniken sollte zunächst immer locker experimentiert werden. Dann kann die Technik bei einem beliebigen Thema angewandt werden. Um die Entwicklung der Kinder besser verfolgen zu können, ist es sinnvoll, Kinderarbeiten in einer Mappe zu sammeln. Auf der Rückseite der Arbeiten werden der Name und das Alter sowie wichtige Aussagen des Kindes zur Arbeit vermerkt.

2.4 Kind und Kunst

a) Vermittlung von Kunst

In allen drei Kapiteln dieses Buches werden wesentliche Aspekte der Kunst behandelt:

Im ersten Kapitel das Thema Selbstdarstellung, im zweiten Kapitel das Thema Farbe und Malerei, im dritten Kapitel das Thema Raum mit den Bereichen Bauen (Architektur) und Plastisches Gestalten. Die in der Ausbildung gewonnenen Erkenntnisse und Erfahrungen erleichtern den Zugang zur Kunst und eröffnen damit ein weites Feld persönlicher Weiterbildung, aber auch die Möglichkeit, Kindern Kunst nahezubringen. Es ist ganz wichtig, dass dieser Kontakt schon im Kindergarten stattfindet.

Die Vermittlung von Kunst kann mithilfe von Kunstbüchern geschehen. Es gibt eine große Anzahl von Büchern, die sich mit dem Thema „Kind und Kunst" beschäftigen (siehe Anhang). Aktueller und lebendiger ist jedoch der Kontakt mit dem Originalkunstwerk, den die Kinder nur im Museum erleben können. Durch die Tagespresse und Plakate lässt sich das aktuelle Museumsgeschehen verfolgen. Ein Museumsbesuch mit Kindern muss gut vorbereitet sein. Der Erzieher sollte sich die Ausstellung vorher sehr genau ansehen und sich Gedanken darüber machen, wie er den Kindern die Kunstwerke nahebringen will. Manchmal bietet das Museum selbst einen Fragenkatalog an. Oft werden auch organisierte Führungen für Erzieher und die Gruppe angeboten. Eigene Tätigkeiten sind natürlich für die Kinder am interessantesten.

Bei Ausstellungen von lebenden Künstlern kommt es auch vor, dass diese bereit sind, mit den Kindern zu arbeiten. Das ist natürlich besonders spannend. Ein kritischer Umgang mit Kunst und die Auseinandersetzung mit bildnerischen Gesetzmäßigkeiten und Strukturen kann nur eingeübt werden, wenn häufig die Möglichkeiten eines Museumsbesuches genutzt werden. So verlieren die Kinder die Schwellenangst, und der Zugang zu einer zukünftigen Freizeitgestaltung wird ihnen ermöglicht.

b) Das Bilderleben des Kindes

Kinder zwischen vier und sieben Jahren haben noch ein sehr expressives Bilderleben, und ausdrucksstarke Formen und leuchtende Farben sprechen sie besonders an (siehe Kindermalerei). Die Bildinhalte sollten möglichst aus dem Erfahrungsraum der Kinder stammen. Allerdings sind Kinder auch für fantastische Stoffe sehr empfänglich (zum Beispiel Märchen oder Kunstmärchen). Im Grundschulalter reicht den Kindern zunächst die Darstellung weniger Personen, Tiere oder Dinge. Dann wird die Darstellung von Details und von Handlungen immer wichtiger. Landschaftsbilder sind deshalb weniger geeignet. Die Bilder sollten deutlich und übersichtlich sein. „Das Kind muss alles gut erkennen können, alle Dinge müssen in der typischen und charakteristischen Form dargestellt sein… Farbbilder sind schwarz-weißen vorzuziehen".[1]
Kinder lieben besonders die reinen klaren Farben. „Bis etwa zum achten Lebensjahr ist die Deutlichkeit der Bilder wichtiger als Natürlichkeit". Es ist auch eine Aufgabe der Kinderpflegerin, den Gesichtskreis der Kinder zu erweitern, indem sie ihnen Kunst nahebringt und die Möglichkeiten von Ausstellungsbesuchen wirklich nutzt. Die Verfasserinnen dieses Buches haben eine Picasso-Ausstellung über die plastischen Werke des Künstlers in lebhafter Erinnerung: Die sehr lebendige Ausstellung zeigte eine große Palette verschiedener Techniken. Gefundene Objekte aus der Natur oder der Technik waren in neue Zusammenhänge gestellt worden und es waren auf diese Weise fantasiereiche, originelle Formen entstanden. Viele Familien mit Kindern gingen durch die Ausstellung und unterhielten sich angeregt.
Das große Interesse der Kinder an den Plastiken war deutlich zu spüren.

---

[1] *Hermann Hinkel, „Wie betrachten Kinder Bilder", Seite 24*

Phase der Professionalisierung

3

3.1 Einleitung

In der dritten Phase der Ausbildung werden sowohl die Situation des Kindes als auch die eigene Situation differenzierter erfasst. Die Verantwortung der Erziehenden im beruflichen Alltag wird stärker gefordert. Dabei sollen die eigenen wie auch die Handlungen anderer kritisch überprüft werden. In dieser Phase der Professionalisierung wird das Repertoire der Gestaltungstechniken erweitert. Jetzt treten mehr werkhafte Gestaltungen in den Vordergrund. Verschiedene Wachs- und Drucktechniken sind zu erproben. Gegen Ende der Ausbildungszeit sollen Erfahrungen auf dem Gebiet der räumlichen Gestaltung gemacht werden. Dazu gehört das Bauen und Plastizieren, zum Beispiel mit Ton, aber auch das Anfertigen einer Skulptur, wie das Arbeiten mit Speckstein. Außerdem werden verschiedene Möglichkeiten der Puppenherstellung ausprobiert. Die vielen gewonnenen Erfahrungen und Kenntnisse gestalterischer Techniken bilden eine gute Grundlage, sodass der Bereich der Kunst besser verstanden und dadurch auch den Kindern nahe gebracht werden kann.

3.2 Flächiges Gestalten

In den ersten beiden Ausbildungsphasen und auch noch zu Beginn der dritten Ausbildungsphase steht flächiges Gestalten im Vordergrund. Bereits im 1. Kapitel wurden neben anderen flächigen Techniken auch Collagen, Spaltschnitte und anderes erwähnt. Deshalb wird im 3. Kapitel nicht mehr auf Papierarbeiten eingegangen. Das Thema „Drucktechniken“ wird besonders ausführlich behandelt, denn es bietet auch für Kinder viele Möglichkeiten des Experimentierens.

Die vielen Zeichen- und Maltechniken der ersten und zweiten Ausbildungsphase werden nun durch Techniken erweitert, die ein mehr manuelles Tun erfordern.

3.2.1 Wachsfarbentechniken

Die Vielzahl der möglichen Wachskreide-Verfahren, von den einfachsten Strichen bis zu den differenziertesten Mischtechniken des Fortgeschrittenen, fördern die bildnerische Tätigkeit und geben jeder Altersstufe die ihr gemäße Gestaltungsmöglichkeit. Wachsmalkreiden sollten bei der Auswahl der Techniken auf keinen Fall fehlen. Die problemlose Handhabung und die Vielfalt der Anwendungsmöglichkeiten zeichnen sie als Gestaltungsmittel aus. Wachsmalkreiden passen sich dem Malgrund an und ergeben eine körnige, gebrochene Struktur. Je kräftiger der Druck, desto voller wird die Strich- und Flächenbildung. Auch das Farbenmischen und das Übereinandermalen ist möglich.

Übung: Wachssgrafitto

Sgrafitto (ital. Kratzmalerei) ist eine Technik, die in der Fassaden- und Wandmalerei angewandt wird. Hierbei werden Linien und Flächen in verschieden farbige, übereinander gelegte Farbschichten eingeschnitten oder geritzt.

Wachssgrafitto

Diese Technik eignet sich besonders gut zur Darstellung des Hell-Dunkel-Kontrasts. Zu jeder Jahreszeit lassen sIch Themen wie Herbstlaub, Landschaften, Aquarium usw. finden.

- etwas festeres, glattes Papier, zum Beispiel die dünne Pappe von Strumpflhosenverpackungen,
- Wachsmalstifte (es dürfen keine wasserlöslichen Stifte sein),
- dunkle oder schwarze Wachsmalstifte oder schwarze Tusche zum Übermalen der farbigen Fläche,
- spitzer Gegenstand zum Einritzen der Muster (Nadel, Gabel, Pinselstil oder Messer).

– auf den festen Untergrund wird die Wachskreide flächig und dick (je dichter, desto brillanter) aufgetragen,

– mit schwarzem Wachstift oder mit Pinsel und Tusche wird die Fläche einheitlich eingefärbt;

– mit einem spitzen Gegenstand wird ein Muster eingeritzt, dieses Muster kann gegenständlich (zum Beispiel Blumen, Pflanzen, Stadtansicht) oder abstrakt (zum Beispiel geometrische Formen, Ornamente) ausfallen.

Wenn mit einem Stück Seife über die Farbfläche gerieben wird, nimmt sie die Tuscheschicht besser an. Um diese Technik zur Anwendung zu bringen, kann auch ein Puzzle oder Memoriespiel gearbeitet werden. Die zugeschnittenen Teile aus dickerer Pappe oder Karton für die Spiele werden mit den Wachssgrafittoarbeiten beklebt.

Übung: Frottage (Abreibeverfahren)

Die Technik der Frottage (frz. frotter = reiben) ist aus Kindertagen bekannt, als Geldmünzen unter weißes Papier gelegt und mit Bleistift durchgerieben wurden sodass auf diese Weise Spielgeld hergestellt wurde. Es handelt sich um eine grafische Technik, bei der ein Blatt Papier über eine strukturierte Fläche gelegt wird, die dann am besten mit einem Wachsmalblock abgerieben wird. In China wird heute noch die Kunst der Frottage gepflegt. Alte Grabplatten und Inschriften des Kaisers auf Stelen (senkrecht stehende Steinsäulen) werden abgerieben und verehrt.

Es besteht hier eine ideale Möglichkeit, Kinder mit den verschiedenen Oberflächenstrukturen vertraut zu machen: Es gibt natürliche Strukturen, etwa altes ausgefurchtes Holz, Blätter mit ihren Rippen oder von Menschen hergestellte Strukturen wie Gewebe (zum Beispiel Sackleinen), Bodenbeläge und Wellpappen. Sie alle eignen sich zum Durchreiben. So lässt sich ein Blatt gestalten, auf dem die verschiedenen Strukturen nebeneinander oder übereinander gesetzt werden. Hierbei können die verschiedenen Strukturen in Grau (Grafitstift) oder in Farbe (Wachsmalstifte) zur Geltung kommen. Die Collage kann gegenständlich, aber auch abstrakt gearbeitet werden. Der

Fantasie sind keine Grenzen gesetzt. Es ist auch möglich, zunächst eine Sammlung von Strukturpapieren anzufertigen, dann die Formen herauszuschneiden und diese auf einem Blatt als Collage aufzukleben. So kann zum Beisoiel ein riesiger Dinosaurier entstehen.

Übung: Frottage mit selbstgefertigtem Stempel

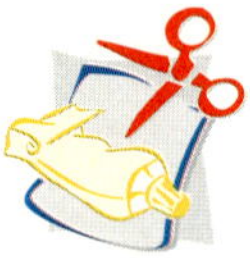

- verschiedene Oberflächenstrukturen,
- Wolle zum Drehen einer Kordel, Bindfaden, Garne,
- Pappen, Sperrholz,
- Klebstoff,
- Zeichenpapier (dünnes, glattes Papier),
- Wachsmalstifte, Grafitstift.

– dicke Pappe oder Sperrholz als Unterlage für den „Druckstock" oder das „Model" legen;
– Muster gestalten (dabei sind eine selbstgedrehte Kordel oder Bindfäden nützlich), anschließend kleben;
– Zeichenpapier und Grafitstifte oder Wachsmalstifte werden zum Durchreiben benötigt;
– Mustermodel so oft drehen und durchreiben, bis eine Reihung oder eine Fläche entsteht.

Frottagen eignen sich sehr gut für große und flächige Arbeiten, die einen Eingangsbereich schmücken können, wenn eine Festlichkeit angesagt ist. Durch verschiedene Farbgebungen kann auch auf jahreszeitliche Stimmungen eingegangen werden.

Kinder sind in diese Technik voll einbeziehbar. Sie können schon im Alter von drei Jahren, einfache Frottagen bearbeiten und lernen auf diese Weise, Stifte auf verschiedene Art und Weise zu halten und damit umzugehen.

Übung: Wischtechnik

Aus möglichst glatten, dünnen Papieren werden einfache Formen ausgeschnitten. An den Rändern werden sie kräftig mit Wachskreide bemalt und dann auf ein Zeichenblatt gelegt. Mit einem Tuch oder Papier wird die Wachsfarbe von den Rändern der Schablone auf das Zeichenpapier gewischt. Auf diese Weise wird die Form der Schablone ausgespart.

Übung: Absprengtechnik

Ein Motiv wird stark flächig mit den Wachsstiften auf Zeichenpapier gemalt. Das Ganze wird zum Schluss mit Tusche oder dunkler Wasserfarbe übermalt. Diese aufgetragene Farbe wird von der fettigen Wachsschicht abgesprengt, sodass nur kleine dunkle Stellen übrigbleiben. Das unbemalte Papier aber saugt die dunkle Farbe auf. Solche Arbeiten, mit einem Passepartout, einem Bilderrahmen aus Papier, versehen, können zum Beispiel zum Muttertag, Geburtstag oder zu einem anderen besonderen Anlass Freude bereiten.

3.2.2 Textilarbeiten

Die Kunst, Stoffe durch Farbe zu verändern, ist sehr alt . Es gibt hierzu eine Vielfalt von Techniken. Das Färben und Bedrucken wird heute maschinell gehandhabt. Wir wollen in unserem Kapitel allerdings von einigen überlieferten, alten Kunsthandwerkstechniken sprechen. Für diesen Bereich werden jeweils spezielle Farben verwendet. Flüssige Farben dringen in Fasern und Fäden der Stoffe ein. Farben mit dickflüssiger Konsistenz, wie solche die beim Drucken verwendet werden, können sich nicht mit den Fasern verbinden und sind nur oberflächlich aufgedruckt.

Übung: Stoffmalerei

Die Stoffmalerei ist die Gestaltung einer Stoff-Fläche durch Aufbringen von ein- oder mehrfarbigen Mustern.

Je feiner die Stoffe, die zur Auswahl stehen, desto ausdrucksvoller und glänzender erscheinen die Farben. Als Rohstoffe eignen sich Baumwolle (alte Bett-Tücher), Leinen, Wolle, und Seide, eventuell auch Chemiefasern. Wichtig ist, dass die zu bemalenden Stoffe keine Appretur (müssen gewaschen sein!) aufweisen. Kauft man den preiswerten Nessel (Handelsbezeichnung für Rohbaumwolle) und kocht ihn, so hat man für die Stoffmalerei und andere Stoff-Färbeverfahren ein geeignetes Material zur Verfügung.

- Rahmen, Stoffnadeln (Stoßnadeln),
- gewaschener Baumwoll- oder Leinenstoff, eventuell Seide,
- Stoffmalfarben, gegebenenfalls Seidenmalfarben,
- feine und grobe Pinsel.

- für Farbübungen viereckig zugeschnittenen Stoffrest auf einen Holzrahmen spannen;
- als Holzrahmen Batikrahmen (spezieller Stoffrahmen, auch für andere Techniken verwendbar) benutzen, oder vier zugeschnittene Holzleisten zum Viereck zusammenleimen und -nageln.

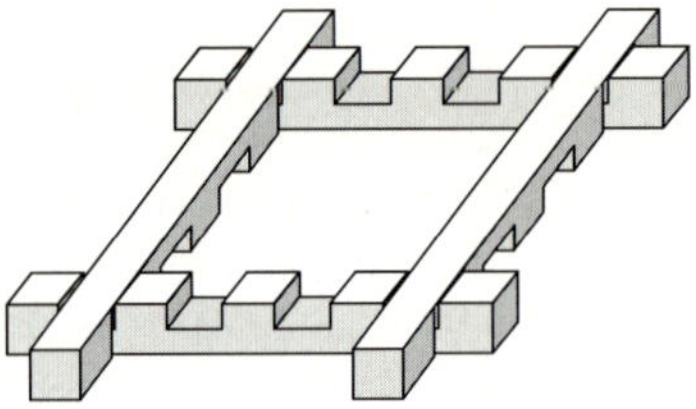

Batikrahmen

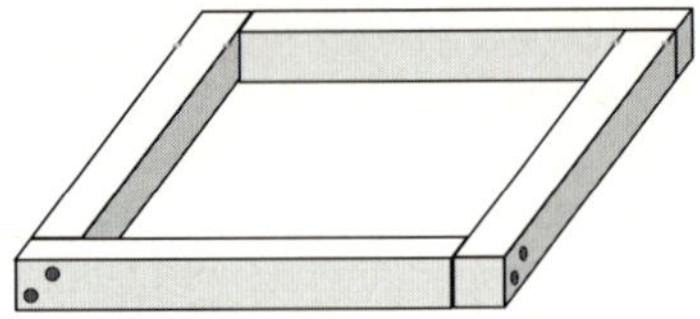

Holzrahmen

- mit Stoffnadeln, Heftzwecken oder Dreispitzzwecken den Stoff stramm und gleichmäßig so aufspannen, dass er im nassen Zustand nicht durchhängt;
- handelsübliche Stoffmalfarben benutzen;
- die Farben mit dem Bügeleisen fixieren, das heißt waschfest machen;
- für Fortgeschrittene sind auch durch Dampfdruck (spezielles Verfahren) zu fixierende Farben möglich, sie sind farbintensiver und können für Malereien auf Seide benutzt werden;
- feine Haarpinsel sowie dicke Spezialpinsel zum Malen benutzen, diese nehmen sehr viel Farbe auf und ermöglichen so länger andauernde Arbeiten;
- Malvorgang auf Probestück üben;
- für die eigentliche Malerei freie Motive wählen, geometrische Formen als Reihung oder zum Ornament zusammengefügt eignen sich immer und sind besonders Anfängern zu empfehlen.

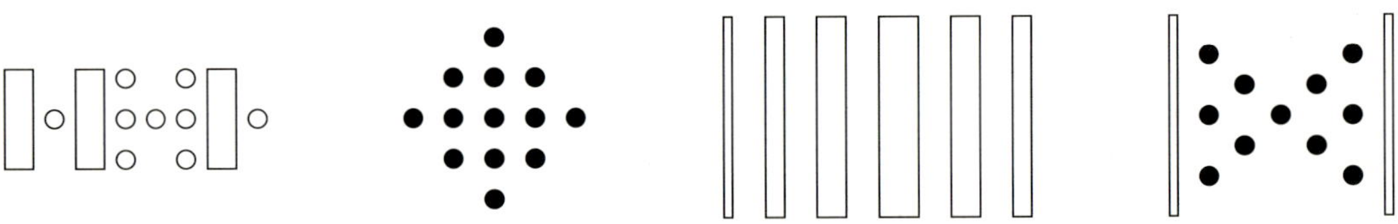

getupfte Punkte, gezogene Linien zu Mustern zusammengestellt

Nach kurzem Üben auf dem Probestück, um zu erkunden, was mit den Pinseln alles getan werden kann, arbeitet das Kind spontan und direkt. Sind Anregungen erforderlich, kann man zum Beispiel auf Farben der jeweiligen Jahreszeit aufmerksam machen. Die Kinder sollen frei nach eigenen Vorstellungen arbeiten. Da Stoff-Farben häufig nicht auswaschbar sind, ist es wichtig, dass Kinder und Erwachsene bei allen Stoffmal- und -färbetechniken Kittel (zum Beispiel alte Oberhemden) tragen.

Übung: Schablonenmalerei

Eine Schablone ist ein Musterstück aus Blech, Holz oder Pappe zum Nachbilden und Nachdrucken gleicher Formen. Für den Anfang ist Einfarbigkeit zum Drucken zu empfehlen. Bei Mehrfarbigkeit wird pro Farbe eine Schablone zum Drucken angefertigt. Dies bedeutet einen wesentlich größeren und umfangreicheren Zeit- und Arbeitsaufwand. Der Entwurf sollte einfache, klare Umrisse haben. Geometrische Formen bieten sich an.

Es können Positiv- oder Negativschablonen verwendet werden. Wenn das Motiv aus der Schablone ausgeschnitten wird, ist es ein Schablonennegativ. Beim Drucken wird das Motiv ausgemalt und erscheint auf dem Untergrund als Positivform, da das Motiv eine andere Farbe als der Untergrund bekommt. Bei der Negativschablone wird die herausgeschnittene Form (Positiv-Form) an den Rändern überpinselt. Durch das Abdecken des Stoffs mit der Schablone bleibt die Farbe des Stoffs erhalten.

Schablonendruck

Positivschablone *Druck* *Negativschablone* *Druck*

Am Anfang empfiehlt sich das Arbeiten mit der Positivform als die einfachere Alternative. Die Form wird mit einem dicken Borstenpinsel „ausgetupft“. Bei der Positivform sollte die Schablone mindestens 5 cm größer als das Motiv sein; das erleichtert die Befestigung der Schablone durch Nadeln und den sauberen Druck.

- gewaschener Stoff, Leisten und Nadeln,
- Karton für Schablonen, Schere, Teppichmesser
- Stoffmalfarben, Pinsel,
- Bügeleisen.

- Druckmotive entwerfen, auf Schablonenpapier übertragen und mit breitem Rand ausschneiden;
- es ergeben sich Positiv- und Negativschablonen;
- auf dem Stoff mit einem dünnen Bleistift die Lage der Schablonen angeben;

- Schablonen mit Nadeln befestigen;
- bei Mehrfarbigkeit: pro Farbe eine Schablone;
- mit dickem Pinsel Schablone „austupfen“ oder ausmalen;
- nur nach genügendem Trocknen, Schablonen übereinander legen;
- bei Positivschablonen mit einem senkrecht gehaltenen Pinsel über den Rand tupfen oder leicht streichen, auf dem Stoff ergibt es ein Negativbild;
- nach Fertigstellung können mit einem dünnen Pinsel Verbindungslinien oder -stellen nachgemalt werden;
- trocknen lassen;
- anschließend fixieren, wobei von der linken Seite gebügelt wird (siehe Beipackzettel der Stoffmalfarbe).

Kinder ab ungefähr fünf Jahren können bei dieser Technik mitarbeiten. Dabei ist es wichtig, dass die Motive aus einfachen und klaren Formen bestehen. Kleine Deckchen, die von mehreren Kindern gearbeitet sind, können aneinander genäht werden. So erhält man zum Beispiel einen großen Wandbehang.

Übung: Aquarellmalerei

Aquarellmalerei eignet sich besonders gut zum Malen auf Seide, denn bei dieser Technik kann viel experimentiert werden. Jede glatte Seide kann auf einen Rahmen gespannt oder auch glatt auf eine Glasplatte gelegt und dann bearbeitet werden. Notwendig für diese Technik sind Seidenmalfarben (am besten fixierbare) und gute Pinsel, wie die China-Bambus-Pinsel (Pinsel aus Dachs- oder Ziegenhaar, der viel Farbe aufnimmt und in Bambus gefasst ist). Bei der Seidenmalerei kann mit Salz- und Zuckerlösungen großzügig gearbeitet und experimentiert werden. Außerdem lassen sich nachträglich mit feinem Pinsel auf die trockene Seide Motive einer Landschaft, von Tieren, Menschen oder Ornamenten zeichnen.

- Glasplatte, immer etwas (ungefähr 5 cm) größer als das Stoffstück,
- verschiedene Pinselstärken (2-10),
- Stoffmalfarben,
- Teller zum Mischen der Farben,
- Wasserbehälter, etwas Benzin zum Abtupfen der falsch aufgetragenen Farbe,
- weiches, saugfähiges Haushaltspapier zum Abtupfen überschüssiger Farbe,
- Kreppband, ungefähr 2 cm breit.

- eine Glasplatte (ungefähr 50 x 50 cm) und ein Stück Stoff, vorzugsweise Seide, ungefähr 45 x 45 cm besorgen;
- den Stoff an den gegenüberliegenden Seiten sehr stramm und gleichmäßig mit Kreppband auf der Glasplatte aufkleben (zum Kleben reicht ein 0,5 bis 0,75 cm starker Rand des Stoffes aus);
- Überlegungen zur Motiv- und Farbauswahl (zum Beispiel verschiedene Rottöne für einen Blumenstrauß auftupfen);
- darauf achten, dass der Pinsel nicht zu viel Farbe aufnimmt;
- Farbtöne mischen und eventuell mit Schwarz abstufen;
- die aufgetragene Farbe trocknen lassen (eventuell mit Fön nachhelfen);
- mit feinem Haarpinsel zartere Formen (wie Blütenränder, Blätter, Gräser usw.) zeichnen;
- bei bügelfixierbarer Farbe Stoff nach Beipackzettel behandeln,
- dampffixierbare Farben nach Vorschrift fixieren;

Weitere Hinweise zur Gestaltung eines Landschaftsmotivs:

- auf Holzrahmen gespannten Stoff mit dickem Pinsel oder Schwämmchen anfeuchten (es dürfen keine Tropfen durchhängen);
- den Vordergrund hellgrün und gelb auftragen;
- den Hintergrund in Blautönen für den Himmel;
- mit dem Fön den Farbauftrag trocknen;
- in die halbtrockene Fläche können weitere Farben eingebracht werden, sodass auch härtere Farbränder entstehen;
- durch weitere Farbaufträge und anschließendes Fönen kann der Stoff so bearbeitet werden, dass er lebendig wirkt;
- mit feinem Pinsel lassen sich dann Menschen, Bäume, Sträucher, Boote usw. einzeichnen.

Seidenmalerei (Landschaft)

Mit Kindern ab ungefähr vier bis fünf Jahren lässt sich Stoffmalerei durchführen. Kinder haben im Malen mit verschiedenen Stiften, aber auch mit Pinsel und Wasserfarben zumeist viel Übung. So kann man sie auch behutsam auf das Material „Stoff“ vorbereiten. Hier bietet sich die Aquarelltechnik an. Die einzelnen Gruppen sollten aus vier oder fünf Kindern bestehen. Es ist ratsam, die Übung mitzumachen oder sie zu demonstrieren. Die Kinder ahmen dann nach. Sollten die Kinder die gleichen Farben nehmen wie Sie, ist das nicht weiter schlimm. Sie können die „Landschaft“ anschließend nach ihren Ideen und Vorstellungen malen.

Übung: Salztechnik

Hierbei handelt es sich um eine spontane Arbeit. Man kann der Fantasie freien Lauf lassen und Farben auf den gespannten trockenen oder angefeuchteten Stoff auftragen. Die Farbe sollte jedoch großzügig und flächig aufgetragen werden. In noch feuchtem Zustand wird das Salz (Haushaltssalz, Grillsalz) aufgestreut oder einzeln aufgelegt, je nach gewünschtem Effekt. Salz ist hygroskopisch, so zieht es die gefärbte Flüssigkeit (das heißt die Farbe) an. Es entstehen Salzgebilde, die sehr bizarr aussehen.

Übung: Trennmitteltechnik

Im Handel wird das Trennmittel als **Gutta** bezeichnet. Hiermit lassen sich feine Muster auf den gespannten Stoff aufzeichnen. Linien und geometrische oder gegenständliche Formen, die weiß bleiben sollen, deckt man ab. Danach beginnt der Farbauftrag. Das Gutta trennt auch Farben voneinander. Der Handel bietet auch farbiges Gutta an, es bleibt auf der Fläche allerdings erhalten und wird durch Bügeln fixiert (siehe Beipackzettel des Gutta).

Übung: Batiktechniken

Batik ist ursprünglich ein indonesisches Stoff-Färbeverfahren. Das typische Merkmal sind die Krakeluren (das Krakelee). Beim Batiken wird heißes flüssiges Wachs auf die Stellen aufgebracht, die beim anschließenden Färben nicht eingefärbt (das heißt reserviert) werden sollen. Das erkaltete Wachs bricht leicht, an diesen Stellen dringt Farbe in das Gewebe und die Krakeluren entstehen. Diese textile Gestaltungstechnik kann mit dem „Tjanting“ besonders reizvoll und filigran gearbeitet werden. Das „Tjanting“ ist ein Gerät, bestehend aus einem Holzgriff und einem Metallgefäß mit Tülle. Die Tülle kann verschieden groß sein, sodass das Wachs breit oder schmal herausfließen kann.

Zur Einübung eignet sich die Zufallsbatik. Hierbei lässt sich auch die Wirkung von Farben prüfen und erfahren. Man kann zum Beispiel einen weißen Stoff mit dem Borstenpinsel und Wachs an wenigen Stellen reservieren und diesen dann in verschiedene Farbbäder tauchen, wobei nach jedem Farbbad weitere Stellen reserviert werden. Auch das Arbeiten mit einem Schaumstoffschwamm bringt gute Ergebnisse.

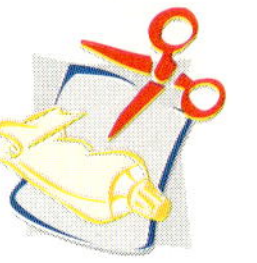

- Batikrahmen (s. S. 84);
- gewaschener Stoff (weiß);
- Batikfarben, Gefäße (am geeignetsten sind große Chromaganschüsseln, diese lassen sich ohne Rückstände säubern), eventuell Rührstab für die Farbe;
- Batikwachs (im Handel erhältlich);
- alte Töpfe oder Lebensmitteldosen als Gefäße für das Wachs;
- Elektrokocher zum Erhitzen;
- grob- und feinporige Schwämme;
- Bügeleisen, Zeitungen, Waschbenzin;
- Teppichmesser.

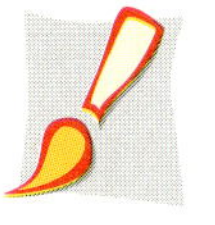

- Batikrahmen (im Handel erhältlich) der Größe des Stoffes entsprechend ineinanderstecken;
- den Stoff mit extra kurzen Stecknadeln (im Handel erhältlich) stramm und gleichmäßig aufspannen;
- die im Handel erworbenen Batikfarben nach Vorschrift (siehe Packungsbeilage) vorbereiten;
- einen Schwamm in das flüssige Wachs tauchen und zum Beispiel eine Reihung auf den Stoff drucken; dabei ist Schaumstoff in Ziegelsteingröße für eine große Arbeit geeignet; in diesen Druckstock nun mit dem Tapetenmesser ein Muster einschneiden;
- Stoff in helles, zum Beispiel gelbes Farbbad tauchen und immer leicht bewegen; je länger das Tauchbad dauert, desto intensiver ist die Farbe (Firmenbeipackzettel beachten);
- nach gründlichem Ausspülen Stoff trocknen lassen;
- weiteres Reservieren durch Wachs mit einem anders strukturierten Schwamm kann folgen;
- das zweite Farbbad sollte etwas dunkler sein, zum Beispiel Rot, es entsteht ein rot-oranger Farbton;
- nach dem Auswaschen des Farbüberschusses den Stoff trocknen lassen;
- ein drittes Farbbad, zum Beispiel Blau, kann erfolgen. Durch die Mischung der orange-roten Farbe entsteht ein Schmutzton (vgl. Farblehre);
- nach dem Auswaschen der Farbe und dem Trocknen das Wachs ausbügeln (dabei Stoff zwischen Zeitungen legen und diese nach jedem Bügelvorgang so lange auswechseln, bis kein Wachs mehr vorhanden ist);
- sollte der Stoff jedoch noch Wachsreste aufweisen, wird er in Waschbenzin ausgewaschen oder in die Benzinreinigung gegeben.

Bei Strukturstempeln ist davon abzuraten, die Wachsaufträge beim Tauchen im Farbbad zu brechen, da die Musterung sonst zu „unruhig" wirkt.

Es ist sehr interessant eine Farbauswahl zu bestimmen, die aus einer Farbe und ihren Abstufungen besteht. Diese Technik sollte nur von älteren Kindern in kleinen Gruppen angewendet werden, die jeweils von einer Kinderpflegerin beaufsichtigt werden. **Das Arbeiten mit dem flüssigen, heißen Wachs ist nicht ganz ungefährlich. Für Kinderhände völlig ungeeignet ist das Reinigen mit Waschbenzin.**

Übung: Abbindetechnik

Diese textile Gestaltungstechnik wird auch „Plangi" genannt und ist in Indonesien, Südamerika und Afrika bekannt, wo sie noch heute angewandt wird.

Die Plangitechnik ist eine recht einfache Art, Muster auf Stoffe zu bringen. Neue Stoffe (es können auch Kleidungsstücke wie T-Shirts oder Hosen sein) müssen unbedingt heiß gewaschen sein, damit die Appretur entfernt wird. Die Musterungen werden durch Abbinden erreicht.

Den Stoff kreisförmig abbinden, dabei gibt es verschiedene Möglichkeiten:

1. in den Stoff festen Knopflochzwirn (im Heftstich) einziehen, dann wie eine Kräuselung stramm zusammenziehen und vernähen;

2. den Stoff zu einem Zipfel zusammennehmen und an einer oder mehreren Stellen stramm umwickeln;

3. den Stoff wie eine Zieharmonika in Falten legen, dann an einer oder mehreren Stellen abbinden, auch spiralenförmiges Abbinden ist möglich;

- die zu färbende Stoffmenge darf nicht zu groß sein, sonst dringt die Farbflotte nicht an alle Stellen;
- Batikfarben sind für das Farbbad gut geeignet (nach Vorschrift anrühren, siehe Beipackzettel);
- Stoff in warme Flotte tauchen, Farben sind dann intensiver;
- überschüssige Farbe unter fließendem kalten Wasser auswaschen.

Übung: Papierbatik

Mit einem hellen Wachsstift wird konturenhaft gemalt. Dann wird das ganze Bild vollflächig mit Wasserfarben übermalt. Die wachsfreien Stellen nehmen die Farben an. Die Wachsstiftkonturen stoßen sie ab. Es entsteht eine „Batikvariante".

Übung: Papiertauchbatik

Hierzu werden weiße Japanpapiere oder sehr saugfähige dünne Papiere verwendet. Sie werden auf verschiedene Arten gefaltet und in Farbbäder getaucht. Bestimmte Stellen taucht man nicht ein, sodass sich an diesen die Farben vermischen oder auslaufen.

Übung: Flechtarbeiten

Flechten ist eine sehr alte Technik. Die Menschen begannen damit, Dinge für den täglichen Gebrauch wie Schuhe, Körbe, Aufbewahrungsbehälter für den Haushalt, Hüttenwände, Dächer usw. aus unterschiedlichen Materialien zu flechten. Man benutzte Weide, Bast, Stroh, Flachs und Heu. Eine Flechtarbeit kann experimentell oder nach bestimmten Kriterien gearbeitet werden. Farben und Farbkontraste können eine Rolle spielen, wobei Leinwandbindung und freie Bindungen möglich sind. Papiere jeglicher Art, in Streifen geschnitten, sind hierfür geeignet.

- farbige Tonpapiere, Illustriertenpapiere, Zeitungen mit fett oder gewöhnlich gedrucktem Text, selbst gefertigte Schmuckpapiere,
- Karton für den Rahmen,
- Klebstoff,
- Papierschere, Teppichmesser, Unterlage.

- die senkrechten Streifen können gleich oder verschieden breit sein;
- die Streifen nebeneinander auf einen Pappstreifen legen, kleben und für die Arbeit beschweren;
- die waagerechten Streifen einschieben und flechten;
- das einfachste Muster ist „eins drüber, eins drunter“;
- in der zweiten Reihe flechtet man versetzt, in der dritten Reihe wie in der ersten Reihe und in der vierten wie in der zweiten usw.;
- wenn man mit dem Flechtergebnis zufrieden ist, werden die Anfangs- und Endpunkte festgeklebt;

Für Kinder eignet sich diese Technik zum Trainieren der Fingerfertigkeit. Ein kleines Format reicht hier völlig aus. Mit Garnen, Stoffresten, Wollresten oder Geschenkbändern ist eine Flechtarbeit ebenfalls möglich.

Übung: Weben

Weben ist eine alte Handwerkskunst wie das Tischlern und das Töpfern. Heute ist es eine Tradition, die nur noch von einigen Menschen gepflegt wird. Als Fäden, Garne oder Zwirne eignen sich viele Rohstoffe wie Wolle, Haare, Leinen, Baumwolle, Seide sowie Restfasern und -garne.

Zum experimentellen Weben benötigt man einen großen Fundus an Garnen, Bändern, Kordeln, Stoffresten, Knöpfen, Schnallen, Ringen und vieles mehr.

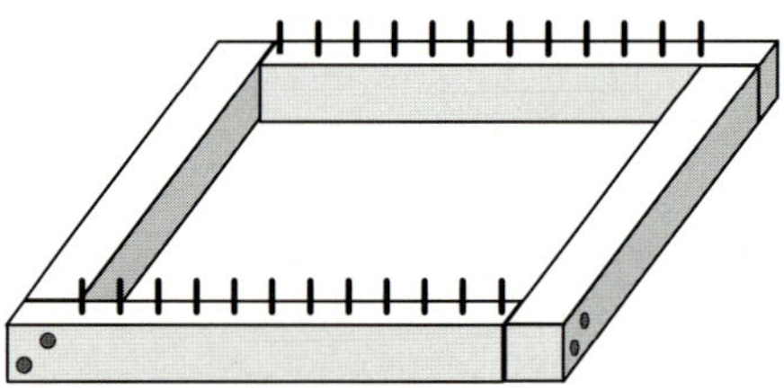

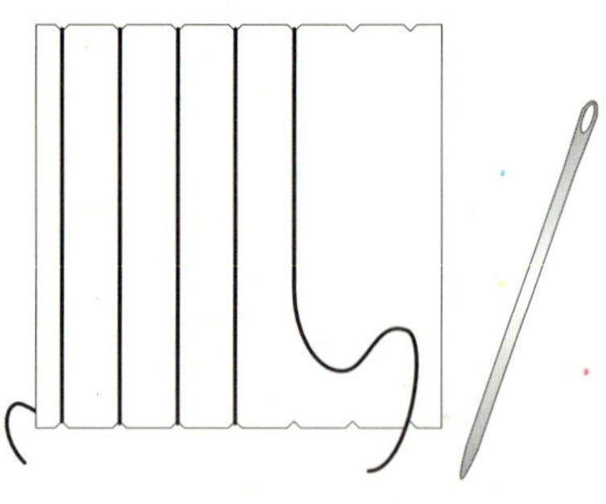

Für das Weben braucht man einen Rahmen. Dieser kann aus vier Holzleisten zu einem Viereck zusammengeleimt und genagelt sein. An zwei gegenüberliegenden Seiten nagelt man Metallstifte in Abständen von etwa einem halben Zentimeter in das Holz. Sie dienen zum Umwickeln des **Kettfadens,** dem „Halt“ unserer Webfläche. Steht ein handelsüblicher Webrahmen zur Verfügung, kann dieser benutzt werden. Hier sollten die Kettfäden nicht so eng nach den vorgegebenen Zähnchen gespannt sein, man richtet sich nach der Stärke des Kettfadens.

Für Kinder bietet sich eine rechteckige Pappe an. Über die beiden kurzen Seiten spannt man den Kettfaden, kleine Schlitze (Kerben) verhindern das Verrutschen.

Mit einer langen Sacknadel (diese hat eine abgerundete Spitze und ein großes Öhr) können Fäden, Stoffstreifen oder Vliesreste eingewebt werden, wobei man Erinnerungsstücke wie Muscheln, Schnecken und Treibholz mit einbeziehen kann. Es ist auch möglich, einen Holzrahmen mit einem Drahtgewebe zu beziehen und dann auf experimentelle Weise die verschiedenen Materialien hineinzuweben.

- für den Webrahmen: vier Vierkanthölzer (ungefähr 40 cm lang), Holzkaltleim, Nägel,
- Nägel für Kettfäden (1-1,5 cm lang), Hammer,
- dünner Bindfaden, fester Zwirn für die Kettfäden,
- verschiedene Garne (Effektgarne und -zwirne), Fäden, Reste von Wollen, von Schmuckbändern oder von Kordeln für die Schussfäden,
- Sacknadel,
- Metallkamm,
- Rundholz zum Aufhängen.

- Kettfäden um die Nägel, bzw. um die Zähnchen spannen;
- je strammer gespannt wird, desto ordentlicher und einfacher ist die Arbeit;
- als Schussfäden werden je nach Inspiration oder Aufgabe Fäden oder Stoffstreifen ausgesucht; Anfang und Ende sollten immer mit Kettfadenstärke gewebt sein (besserer Halt);
- Farbauswahl berücksichtigen;
- zum Einziehen des Schussfadens Sacknadel benutzen;
- ein Metallkamm erleichtert das Aneinanderschieben der Schussfäden;
- die Arbeit kann durch das Einknoten oder Einweben von kurzen Fäden, Stoffstreifen oder Geschenkbändern interessanter gestaltet werden;
- soll die Arbeit als Wandbehang dienen, wird oben ein Holzstab oder ein Bambusstab durchgezogen; die unteren Fäden werden zu Fransen verknotet, seitliche Fadenenden werden auf der Rückseite verklebt oder vernäht;
- soll die Arbeit als Tischläufer aufgelegt werden, näht man auf die Rückseite einen Stoff, sodass alle Fadenenden verdeckt sind.

Mit Kindern ab einem Alter von vier Jahren lässt sich diese Technik auch durchführen. Die Aufgabe wird dabei vereinfacht gestaltet. Anstatt des Webrahmens kann eine stabile Pappe benutzt werden. An zwei gegenüber liegenden Seiten wird die Pappe eingeschnitten (ungefähr 0,5 cm tief), dabei sollten die Abstände ungefähr 0,5 cm betragen. Die Kettfäden werden um die Einschnitte gespannt, die Schussfäden dann mit einer dicken Stopfnadel eingewebt.

3.2.3 Sperrholzarbeiten

Aus Sperrholzplatten lassen sich sehr gut flächige Spiele fertigen. Das Schachspiel ist wohl das bekannteste Brettspiel in unserer Heimat; in südlichen Ländern spielt man eher Backgammon. Als Kinderspiele kennt man Steck- und Zusammenlegspiele, Memory, Domino oder Dame. In der Regel sind die Brettspiele im Handel recht teuer, deshalb werden hier einige Möglichkeiten gezeigt, wie Brettspiele mit einfachen Mitteln hergestellt werden können.

Übung: Steckspiel

Steckspiele sind für zwei- bis drei-jährige Kinder zu empfehlen und sollen einfache Motive und klare Farben vorweisen. Obst, Häuser, geometrische Formen mit Farben erster und zweiter Ordnung sind geeignet. Sperrholzplatten sind im Baustoffhandel erhältlich und werden auf das gewünschte Maß zugeschnitten.

- zwei Sperrholzplatten (etwa 22 x 35 cm),
- Laubsäge, Schmirgelpapier, Nagelbohrer,
- Deckfarben, Pinsel.

- auf eine Sperrholzplatte die Motive aufzeichnen;
- mit Nagelbohrer Loch vorbohren, Laubsägeblatt durchziehen und in Laubsäge einspannen;
- mit der Laubsäge die Motive aussägen und glatt schmirgeln;
- ausgesägte Platte mit Holzleim auf die andere Platte kleben; mit Zwingendruck trocknen lassen;
- ausgesägte Teile farbig gestalten und anmalen;
- Teile mit Nagelstiften versehen (zum besseren Herausnehmen) und wieder hineinstecken.

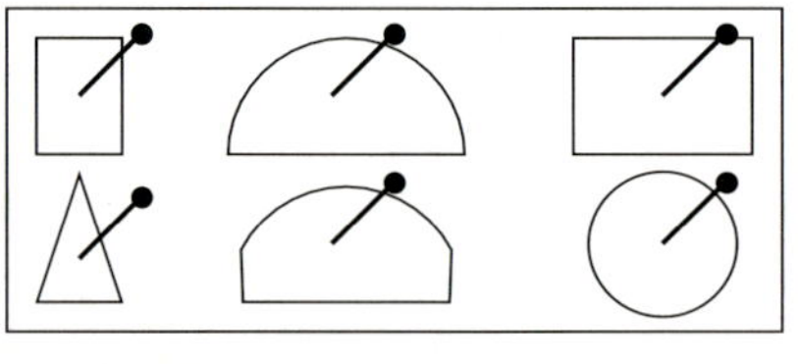

Übung: Zusammenlegspiel

Bei gut gemaserten Sperrholzplatten bietet es sich an, beim Sägen der Holzmaserung zu folgen oder sich beim Entwurf von der Holzmaserung anregen zu lassen. Für ein Zusammenlegspiel werden zwei gleichgroße Bretter genommen. Eins dient als Unterlage, aus dem zweiten wird der Rahmen herausgesägt und auf das erste Brett geleimt, sodass das Spiel zusätzliche Festigkeit erhält. Da durch das Beizen die Holzfasern aufquellen, kann die dadurch etwas rau gewordene Holzoberfläche mit feinstem Schmirgelpapier nochmals sehr vorsichtig glatt geschmirgelt werden. Die Farben dürfen dabei nicht angegriffen werden.

- zwei Sperrholzplatten,
- Holzleim,
- Schraubzwinge oder Presse,
- flüssiges Bienenwachs.

- Unterbrett und Rahmen mit Kaltleim leimen und unter Druck (Presse oder Zwingen) trocknen;
- aus der verbliebenen Holzplatte aufgezeichnete Teile aussägen;
- die Sägekannten glatt schmirgeln;
- für die farbige Gestaltung Holzbeizen verwenden, so bleibt die Maserung sichtbar;
- die Oberfläche mit flüssigem Bienenwachs behandeln (siehe Packungsbeilage);
- ein besonderer Reiz liegt darin, die Beizen mehrfach mit Wasser zu verdünnen, wodurch viele Farbabstufungen entstehen (bei einem Landschaftsthema lässt sich so die Weite darstellen, vorn sind die Farben etwas kräftiger, zum Horizont hin werden sie immer zarter).

Laubsägearbeit

Größere Kinder ab einem Alter von etwa fünf bis sechs Jahren sind bereits in der Lage, solch eine Sägearbeit auszuführen.

Übung: Memory

Ein Memory-Spiel eignet sich schon für Kinder ab dem dritten Lebensjahr. Bei der Erstellung können die Kinder auch schon in diesem Alter helfen oder ab ungefähr fünf Jahren selbst das Spiel fertigen. Für die Memory-Teile kann man dickeren Karton oder Sperrholzplatten benutzen. Es sollten ungefähr dreißig Memory-Pärchen, ungefähr 5 x 5 cm gesägt und geschmirgelt werden, sodass die Kanten glatt sind. Es lassen sich verschiedene Maltechniken anwenden oder durch Ausschneiden und Aufkleben von Schmuckpapieren Musterungen erzielen.

Übung: Domino

Beim Dominospiel sollten wieder Sperrholzplatten verwendet werden. Man braucht 28 Teiie mit einer Größe von je etwa 4 x 8 cm. Herkömmlich kennt man das Spiel mit Punkten. Für Kinder eigenen sich einfache Tier- oder Blumenmotive. Freie Flächen sind dabei Joker.

3.3 Drucktechniken

Ein vielseitiges Gebiet innerhalb der Gestaltungstechnik ist der Bereich der Drucktechnik. Es lässt sich hier sehr gut experimentieren und auch für Kinder gibt es viele Möglichkeiten. Als Druckfarbe sollte möglichst wasserlösliche Farbe (Japanaqua) eingesetzt werden, um die Säuberungsarbeiten zu erleichtern.

Drucken bedeutet Vervielfältigen. Einfachstes Beispiel: Der Fingerabdruck oder der Stempel. Die Stempelfläche zeigt ein Relief, dessen Oberfläche durch leichten Druck auf das Stempelkissen eingefärbt wird. Der Druck geschieht durch Aufdrucken auf Papier, Holz, Kunststoff usw. Diese werden als Druckträger, der Stempel als „Druckform" oder „Druckstock" bezeichnet.

Bei den im Folgenden beschriebenen Techniken handelt es sich im Wesentlichen um zwei Arten des Drucks, um den **„Hochdruck"** und den **„Tiefdruck"**. Beim Hochdruck drucken die hochstehenden Teile (zum Beispiel Körperdruck, Stempeldruck, Linoldruck), beim Tiefdruck die tiefliegenden Teile (zum Beispiel Radierung). Außerdem gibt es noch den „Flachdruck", bei dem die druckenden Teile auf gleicher Ebene liegen wie die nichtdruckenden Teile (Offsetdruck, Lithografie, diese werden im Folgenden nicht behandelt). Dagegen wird beim „Durchdruck" die Farbe durch ein feinmaschiges Sieb auf den Druckträger gedrückt (Siebdruck).

Es gibt auch Zwischenformen dieser vier grundlegenden Druckverfahren. So beruhen die Frottage und der Überrolldruck ebenso wie der Hochdruck auf deutlichen Niveauunterschieden in der Druckform. Die Décalcomanie und die Monotypie nähern sich dem Flachdruck.

3.3.1 Körperdruck

Der naheliegendste und natürlichste Druckstock ist der eigene Körper. Der „Druckstempel" der Hand kann zum Beispiel interessante Druckergebnisse liefern. Dabei werden entweder die Fingerkuppen, die Handkanten oder die ganze Hand eingesetzt. Das Experimentieren ist dabei wichtig. Auch mit den Füßen oder anderen Körperteilen, wie dem Gesicht, kann gedruckt werden. Für Kinder ist der Körperdruck besonders spannend. Als Druckfarbe sind Abtönfarben geeignet. Fingerfarben oder Temperafarben sind zwar etwas teurer, lassen sich aber besser wegwaschen.

Übung: Abdruck der Hände

Am Beginn der Übung soll eine Experimentierphase stehen. Es wird ausprobiert, in welchen verschiedenen Haltungen eine Hand abgedruckt werden kann. Danach sind Ordnungsmöglichkeiten einer Form zu erkunden.

- große Papierbögen (DIN-A2, nicht zu dünn, da sich das Papier sonst wellt),
- Glasscheiben,
- Fingerfarben, Temperafarben oder Abtönfarben.

- auf eine Glasplatte mehrere Farben geben;
- anschließend mit den vorgegebenen Farben auf ein großes Blatt verschiedene Formen der Hand abdrucken (Faust, Handkante, Daumen usw.);
- besonders interessant ist der mehrfache Abdruck eines Farbauftrags, da die Farben immer heller werden.

Diese Formensammlung kann später als Material für eine Collage dienen (Formen ausschneiden und zu einem Fantasiebild zusammenkleben).

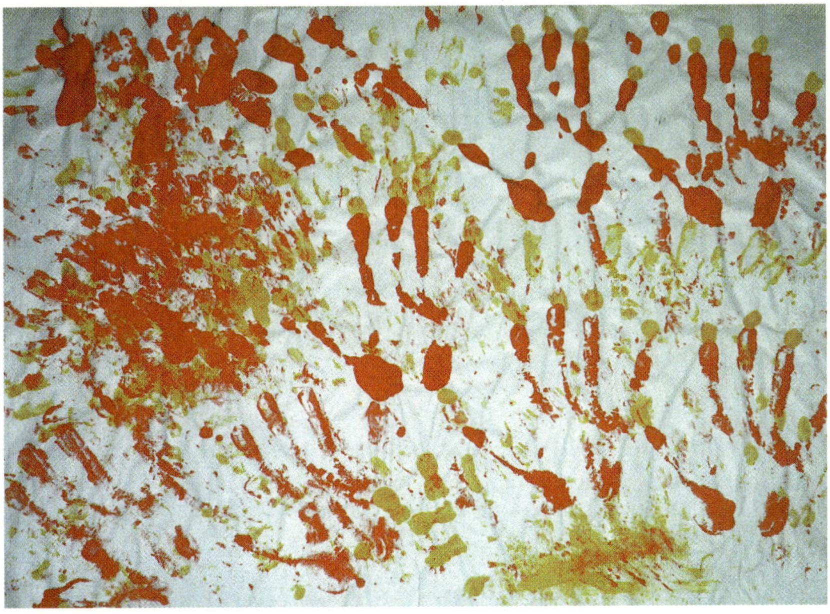

Körperdruck: Handabdruck Verdichtung

Um Ordnungsmöglichkeiten einer Form zu erkunden und einzuüben, eignen sich folgende Themen: Reihung, Streuung, Zentrierung, Muster.

Die ganze Hand ist in ihrer Form zu groß und zu eigenwillig, deshalb sollte immer nur mit Teilen der Hand gedruckt werden. Eine Reihung lässt sich zum Beispiel sehr gut durch den Druck mit der Handkante bilden. In weiteren Reihen kann mit den Fingerkuppen gedruckt werden. Eine andere Ordnungsmöglichkeit ist die Zentrierung. Dabei werden die Druckformen an einer oder mehreren Stellen verdichtet. Es ist sinnvoll, beim Drucken die Regeln der Farblehre anzuwenden und am Anfang möglichst immer nur mit zwei Farben zu arbeiten, da die dritte sich durch Überdrucken oder durch Mischen beim Wechsel von einer Farbe zur anderen bildet. Natürlich kann auch mit anderen Körperteilen gedruckt werden, zum Beispiel mit dem Gesicht (eine Gesichtshälfte, Haut vorher gut eincremen).

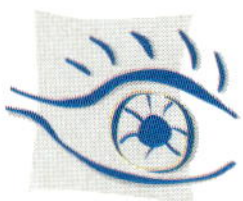

Nach Gebrauch von Wandfarben Pinsel und Glasplatte sofort gründlich reinigen! Pinsel mit angetrockneter Abtönfarbe sind nicht mehr zu gebrauchen.

Das Thema Körperdruck bereitet Kindern natürlich viel Spaß. Man kann hierzu eine Gemeinschaftsarbeit mit dem Titel „Unsere Hände“ durchführen. Die Kinder drücken ihre Handinnenflächen in die Farbe und drucken sie auf ein großes Papierformat ab. Um einen lebendigen Hell-Dunkel-Kontrast zu erreichen, sollte auf den Mehrfachabdruck eines Farbauftrages geachtet werden. Durch das Übereinanderdrucken haben die Kinder die Gelegenheit, die Mischungen zu erfahren. Auch bei Kindern ist eine Experimentierphase wichtig, bei der sie die Druckmöglichkeiten der Hand (Faust, Einzelfinger usw.) ausprobieren. Sie erhalten ein buntes, formenreiches Blatt, das sie, wie bereits beschrieben, für eine Fantasiecollage nutzen sollen. Nach den Druckexperimenten sollten behutsam Vorschläge für verschiedene Gestaltungen gemacht werden, zum Beispiel Bäume, bunte Vögel oder Fantasiemotive. Die Erfahrungen, die die Kinder auf dem Probeblatt gemacht haben, werden nun angewandt. So kann zum Beispiel ein Faustabdruck den Kopf eines Fantasietieres oder Handkantendrucke ein herrliches Federkleid bilden.

Übung: Fußspuren

Aus der Tierwelt kennt man die Fährten von Tieren im Schnee. Man kann mit etwas Übung die Tierart daran erkennen. Auch der Abdruck eines menschlichen Fußes ist sehr aussagekräftig.

Verschiedene Themen können gewählt werden, zum Beispiel:

- einer setzt seine Schritte spontan, wie es ihm gerade einfällt,
- Gehen oder Laufen nach Musik,
- zwei Menschen treffen sich,
- eine Familie läuft über den Strand.

Es mach Spaß, barfuß über Papier zu laufen, aber auch die Profilsohlen von Schuhen ergeben einen interessanten Abdruck.

- Tapeten- oder Papierrollen,
- Abtönfarbe.

- Tapeten- oder Papierrollen auf dem Boden ausrollen (möglichst lange Bahnen nehmen);
- die Füße in Wandfarbe drücken und loslaufen.

Kindern wird dieses Thema sehr viel Freude machen. Man kann eine lebendige Gemeinschaftsarbeit schaffen, indem man die Kinder über ein sehr großes und langes Blatt tanzen lässt.

3.3.2 Materialdruck

Der Materialdruck ist ein Druckverfahren, mit dem sich schnell und auf einfache Art und Weise ein Abbild materialer Strukturen erzielen lässt. Er ermöglicht ein spontanes Vorgehen und bringt meistens Erfolgserlebnisse. Dieser Technik wird eine Sammelaktion vorangestellt. Ratsam ist es, hierfür einen großen, stabilen Karton zu besorgen, der als „Krims-Krams-Kiste“ deklariert wird. Hierzu werden Verpackungsmaterialien jeglicher Art gesammelt, zum Beispiel Eierwaben, Plastik- und Pappkartons, Pillendosen, Gitternetze vom Obst, Deckel, Korken, Yogurtbecher, besonders strukturierte Stoffreste, Spitzen, Garne usw. Diese Materialien, ermöglichen ein formenreiches und großzügiges Arbeiten. Besonders interessant sind Stanzabfälle, die man für wenig Geld bei Firmen, die Teile ausstanzen, zum Beispiel Dichtungsteile, bekommen kann. Auch Naturmaterialien wie Blätter, Gräser, Holzstücke sind sehr gut als Druckstempel geeignet.

Für Kinder sind meistens figürliche Themen interessanter. Es gibt hier viele Möglichkeiten. So könnten Sie mit Verpackungsmaterialien einen Riesen drucken, eine Lokomotive oder eine große Stadt. Als Druckflächen sollten unbedingt große Formate genommen werden (DIN-A2).

Übung: Freie Komposition

Zunächst soll experimentell gearbeitet werden, um verschiedene Materialstrukturen kannenzulernen. Mit den Formen, die sich am besten eignen, wird dann eine freie Komposition gedruckt.

- stark strukturierte Textilien wie Gitternetze vom Obst- und Gemüseeinkauf, Jutegewebe, Spitzen,
- Wellpappen, geknüllte Papiere oder Stoffe,
- Makulaturpapiere, Tapetenreste, Zeichenpapiere,
- Japanaqua (wasserlösliche Druckfarbe), Abtönfarben,
- Glasplatten, Druckwalzen,
- Zeitungen zum Abdecken der Tische.

- auf einer Glasplatte etwas schwarze Japanaqua auswalzen;
- die Druckmaterialien in die Farbe eindrücken oder mit der Rolle einwalzen (zum Beispiel bei Geweben);
- die unterschiedlichen Materialien auf Probeblatt abdrucken;
- bei flachen Teilen dünnes Papier über Druckmaterialien legen, dann mit sauberer größerer Walze darüberrollen; so wird gewährleistet, dass ein sauberer Druck entsteht;
- mit Druckformen „spielen“, Formen nebeneinander und übereinander drucken;
- das Mehrfachdrucken üben und kritisch betrachten;
- ein oder zwei Materialien aussuchen und freie Komposition gestalten, die Arbeit ist also nicht gegenständlich.

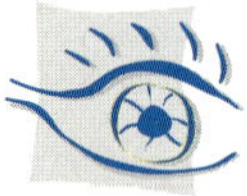

Mit den Druckfarben nicht verschwenderisch umgehen! Schwarz ist zunächst am aussagekräftigsten. Es können dann ein oder zwei Farben hinzugefügt werden. Zu viele Farben lassen eine Arbeit bunt erscheinen.

Übung: Kopf

Bei dem Thema „Kopf“ ist gegenständliches Arbeiten gefordert. Er soll hier nicht aus verschiedenen Druckstempeln zusammengesetzt, sondern mit einem kompletten Druckstock gedruckt werden. Hierbei ist auch eine **Gemeinschaftsarbeit** möglich, bei der zum Beispiel durch ein Nebeneinanderdrucken der Köpfe auf einer Tapetenrolle ein Fries entstehen kann.

- Pappen,
- Kordeln, Stoffreste, Wellpappe usw.,
- große Papierbögen, Packpapier, Tapetenrollen.

- auf eine größere Pappe die Formen eines Gesichtes mit Kordeln, Stoffresten, Wellpappen usw. legen (darauf achten, dass alle Teile die gleiche Höhe haben, sonst druckt nicht alles ab!);
- alle Teile mit wasserunlöslichem Kleber aufkleben;
- den Druckstock mit Japanaqua einwalzen;
- ein Blatt darüberlegen, mit sauberer Walze darüberrollen und der Kopf druckt sich ab.

Wenn auf die saubere Walze hauchdünn und gleichmäßig Farbe gegeben wird, ist auf der unteren Seite der direkte Abdruck und auf der oberen Seite ein sogenannter Überrolldruck zu sehen.

Ein solcher Druckstock (Thema Kopf, Baum, Tier usw.) kann auch von Kindern angelegt werden. Auch hier ist es sinnvoll, nur Materialien, die die gleiche Stärke haben, herauszugeben, damit gewährleistet ist, dass alle Teile gleichmäßig drucken.

Übung: Drucken mit Naturmaterialien

Sehr schöne Druckergebnisse lassen sich mit Naturmaterialien erzielen. Sie geben die Möglichkeit, den Formenreichtum der Natur zu studieren. Es ist auch eine dankbare Aufgabe, Kinder diesen Formenreichtum entdecken zu lassen. Im Herbst ist das Drucken mit Blättern bei Kindern besonders beliebt. Da die Form eines einzelnen Blattes schon sehr ausdrucksstark ist, sollten nicht zu viele verschiedene Formen genommen werden. Mit nur einer Blattform (zum Beispiel Ahornblatt) ist es möglich, eine gelungene Druckarbeit anzufertigen. Verschiedene Blattgrößen und das Mehrfachabdrucken bringen Lebendigkeit in die Gestaltung. Es sollte nicht versäumt werden, die Namen der Bäume zu nennen, zu denen die Blätter gehören. So kann man ganz nebenbei biologische Kenntnisse vermitteln und den Kindern die Natur nahe bringen. Etwas ältere Kinder (ab 6 Jahren) sind in der Lage, auch mit feineren

Drucken mit Naturmaterialien auf Pergamentpapier

Naturmaterialien zum Beispiel mit Gräsern, umzugehen. Im Juni findet man draußen viele verschiedene Arten. Das Einwalzen mit Farbe muss vorsichtig geschehen, damit die Gräser nicht zerstört werden. Auch mit festeren Naturmaterialien lässt sich sehr schön drucken, etwa mit Holzstücken. Hier werden die Kinder vielleicht aufmerksam auf die Schönheiten einer Holzmaserung. Sehr geeignet zum Drucken sind auch Vogelfedern (dünnes Papier darüberlegen, dann mit den Fingern kräftig reiben, damit alle Feinheiten abgedruckt werden). Es gibt noch viele andere Naturmaterialien. Bei einem Spaziergang können die Kinder solche Materialien sammeln.

3.3.3 Schnurdruck

Ein Materialdruck besonderer Art ist der Schnurdruck. Er kann als bildhafter Druck für ein freies oder gegenständliches Thema oder als Musterdruck durchgeführt werden.

Übung: Freier Druck

Für die Technik des Schnurdrucks braucht man Garn-, Woll- und Kordelreste sowie Bindfäden. Lose gedrehte Fäden und Fasern lassen sich stramm drehen und doppeln (Schere als Gewicht dazwischen hängen). So bekommt man Schnüre und Kordeln nach Maß und von gleicher Stärke, was beim Drucken sehr wichtig ist, da dünnere Schnüre sonst nicht mitgedruckt würden. Die Garne sollen sich auch nicht kreuzen, sonst entstehen dicke Stellen. Häufiges Ansetzen ist nicht empfehlenswert, denn die Kordelenden ribbeln leicht auf.

- Garn-, Woll- oder Kordelreste, Bindfäden,
- Schere,
- Papier,
- wasserunlöslicher Kleber,
- Japanaqua,
- Druckwalze,
- Pappen oder Sperrholzplatten.

- Die Schnur wird so lange aufgelegt, bis eine befriedigende Lösung gefunden ist;
- Aufkleben der Schnüre auf die Unterlage;
- Einwalzen des fertigen Druckstocks mit Japanaqua;
- Druckstock auf Papier legen, alles umdrehen, dann mit sauberer Druckwalze darüber rollen.

Auch hier kann wieder die Möglichkeit des Überrolldrucks genutzt werden.

Übung: Musterdruck

Für einen Musterdruck müssen die Pappen nicht sehr groß sein, da der Einzelstempel (Rapport) mehrfach gedruckt wird. Am besten eignet sich ein Pappquadrat in der Größe von 10 x 10 cm. Es bietet viele Anordnungsmöglichkeiten.

- starke Pappe (10 x 10 cm),
- Schnur, Bindfaden, selbstgedrehte Kordeln,
- wasserunlöslicher Klebstoff,
- große Papierbögen (DIN-A2),
- Japanaqua.

- Schnüre auf Pappquadrat auflegen, ordnen und aufkleben (gegenständliche Formen bieten sich ebenso an wie abstrakte Formen);
- mit dem so angefertigten Druckstock stempeln; er bildet den so genannten Musterrapport, das ist die kleinste Mustereinheit, die sich immer wiederholt;

Es gibt verschiedene Anordnungsmöglichkeiten:

Der Quadratform entsprechen am besten waagerechte oder senkrechte Reihungen. Der Musterrapport wird vergrößert, wenn die Druckstöcke im oder gegen den Uhrzeigersinn gedreht und aneinander gedruckt werden (siehe Skizze). Jetzt umfasst der Rapport vier Druckstöcke und ergibt ein großzügiges Muster.

Musteranordnungen dieser Art sieht man sehr häufig in **Portugal** und **Spanien.** Dort handelt es sich um quadratische Keramikfliesen („Azulejos“), die mit Teilen von Bildmotiven, Mustern oder ornamentalen Symbolen dekoriert sind. Die dekorative Einheit (der große Musterrapport) entsteht erst durch die Zusammenstellung einer mehr oder weniger großen Zahl der „Azulejos“.

„Azulejos“

Auf diese Weise lassen sich sehr gut Geschenkpapiere drucken (farbige Seidenpapiere sind recht preiswert), auch Makulaturpapiere oder Packpapiere eignen sich dafür. Stoffdruck ist ebenfalls möglich. Hier bieten sich einfache, gewaschene Baumwollstoffe an. Als Druckfarben sollten Stoffdruckfarben benutzt werden. Bei dieser Art des Druckes ist präzise Arbeitsweise notwendig.

Musterdruck auf Seidenpapier

Der bildhafte Schnurdruck lässt sich mit Kindern sehr gut durchführen. Besonders interessant ist für Kinder ab etwa 10 Jahren ein Additionsspiel, das in einer Gruppe durchgeführt werden kann.

- *Pappquadrate (etwa 10 x 10 cm, in der Anzahl der Teilnehmer),*
- *Schnur, etwa 1 m lang,*
- *wasserunlöslicher Klebstoff.*

– *Jedes Kind erhält ein Pappquadrat und ein Stück von der Schnur sowie Klebstoff;*

– *jedes Kind klebt auf sein Pappquadrat ein Stück seiner Schnur und reicht diese dann weiter an den Nachbarn, der die Gestaltung auf seinem Pappquadrat weiter führt;*

– *es ist der jeweiligen Fantasie des Kindes überlassen, was es aufklebt, zum Beispiel Tiere, Pflanzen oder Gesichter.*

Die so entstandenen Druckstöcke eignen sich für das Drucken von Glückwunschkarten, für eine Gemeinschaftsarbeit (Drucken eines Frieses) oder für das Bedrucken von Stoff.

3.3.4 Linoldruck

Der Linoldruck, der Mitte des vorherigen Jahrhunderts durch die Erfindung des Linoleums und durch die fortschreitende Industrialisierung möglich wurde, ist von vielen Künstlern, zum Beispiel den Expressionisten (20er Jahre) eingesetzt worden. Ihrem starken Ausdruckswillen kam er sehr entgegen. Auch in den Kunstunterricht der Schulen fand diese Technik bald Eingang. Da das Material verhältnismäßig einfach zu bearbeiten ist, eignet es sich auch für Kinder. Beim Linoldruck handelt es sich um einen Hochdruck.

Übung: Drucken mit quadratischem Druckstock

Erfolgversprechende Übungen sind Druckexperimente mit quadratischen Druckplatten. Beim Kordeldruck wurde bereits darauf eingegangen. Die Form des Quadrats hat den Vorteil, dass sie aneinander gesetzt, gedreht und übereinander gedruckt werden kann. Eine Gestaltung mit senkrecht oder waagerecht verlaufenden Parallellinien soll am Anfang einer Reihe von Linolschnitten stehen. Die Linien können auch durch eine Form unterbrochen werden.

- Bleistift, schwarzer Filzstift,
- weißes oder dunkles Pauspapier,
- Linolplatten (15 x 15 cm), Linolbesteck (Kästchen mit fünf Schneidefedern),
- Architektenpapier,
- Falzbein,
- Schere,
- Japanaqua in verschiedenen Farben,
- Glasplatte,
- Druckwalze,
- Druckpapier DIN-A3, Zeitungspapier zum Abdecken der Tische, Kittel.

- zunächst Bleistiftskizzen anfertigen; markant wird der Entwurf durch das Nachziehen mit schwarzem Filzstift; dadurch wird auch deutlich, welche Linien drucken sollen;
- es ist sinnvoll, den Entwurf auf zwei Folien zu kopieren (die Folien übereinanderlegen).
- so sieht man, wie spätere Druckexperimente aussehen können;
- bei dunklem Linoleum die Übertragung des Entwurfs mit weißem Pauspapier durchführen (wird für die Bauernmalerei verwendet); blaues Pauspapier bei hellem Linoleum verwenden; wird der Druck auf diese Weise übertragen, erfolgt der Druck nachher seitenverkehrt;

- um das seitenverkehrte Drucken zu vermeiden, sollte Architektenpapier auf den Entwurf gelegt und mit weichem Bleistift übertragen werden;
- das Architektenpapier umdrehen und den Entwurf mit einem harten Gegenstand (Falzbein oder Scherenrücken) auf die Linolplatte reiben;
- jetzt steht der Entwurf seitenverkehrt auf der Druckplatte und das Motiv wird genauso abgedruckt, wie es entworfen wurde;
- dieses Vorgehen ist wichtig bei Schriftzeichen; diese müssen seitenverkehrt auf der Druckplatte stehen;
- bevor es ans Schneiden des Entwurfs geht, sollte man mit kleinen Linolstücken experimentieren und diese Stücke drucken;
- beim Schneiden der Druckplatte sollte alles, was später beim Druck weiß bleiben soll, weggenommen werden;
- für den Druckvorgang muss man die Druckfarbe (Japanaqua) auf eine Glasplatte bringen und den Druckstock gleichmäßig einwalzen;
- den Druckstock nun auf das zu bedruckende Papier legen; anschließend das ganze Blatt zusammen mit der Platte umdrehen und über die Rückseite des Blattes mit einer sauberen Walze walzen oder mit einem japanischen Handreiber (runde Pappscheibe, die mit Palmblättern überzogen ist) kräftig darüberreiben;
- ist eine Druckpresse vorhanden, so ist das natürlich sehr vorteilhaft;
- mit dem Druckstock kann man experimentieren;
- auch der Einsatz von mehreren Farben ermöglicht viele Variationen;
- den Entwurf kann man auch so gestalten, dass er als Musterrapport dient und sich aneinandersetzen lässt, sodass ein Stoffdruck möglich ist.

Drucken mit quadratischem Druckstock

Beispiele für Entwürfe beim Linoldruck

Klappschnitt

Bevor gegenständliche Themen bearbeitet werden, ist es ratsam, einfache Kompositionen zu entwerfen, zum Beispiel eine Zusammenstellung von Quadraten, Rechtecken und Kreisen. Ein Klappschnitt mit abgerundeten Formen ist als Vorübung oder als Entwurf geeignet. Um einen Klappschnitt herzustellen, benötigt man eine Form aus schwarzem Papier. An den Seiten dieser Form werden nun Teile herausgeschnitten und herausgeklappt. Abgerundete Formen lassen sich dabei besser mit der Feder schneiden, als Formen mit rechteckigen Winkeln.

Exlibris

Praktisch einsetzbar ist ein so genanntes „Exlibris“ (lat. „aus den Büchern“). Da ist ein kleiner Druckstempel mit dem eigenen Namenszug oder dem eigenen Monogramm, der in die eigenen Bücher oder auf CD’s gedruckt wird. Er kann ganz individuell gestaltet werden. Auf den Bildbeispielen sind ein Schwarzlinienschnitt (Linie druckt) und ein Weißlinienschnitt (die Linien sind ausgeschnitten und das Umfeld druckt) zu sehen.

Schwarzlinienschnitt

Weißlinienschnitt

Naturmotive

Wenn ein Naturmotiv versucht wird, ist es wichtig, von der Natur Skizzen zu machen. Damit können zum Beispiel Wachstumsgesetze beobachtet werden. Die Äste eines Baumes verjüngen sich ganz allmählich. Deutlich werden solche Gesetzmäßigkeiten bei der Betrachtung des eigenen Körpers. Ein Arm zum Beispiel ist im Oberarm dicker, verjüngt sich dann im Unterarm und läuft zuletzt in den feinen Teilen der Finger aus.

Neben naturalistischen Motiven lassen sich auch stilisierte Motive finden. Manchmal ist ein Schwarz-Weiß-Foto aus einer Zeitung geeignet für die Umsetzung in einen Linoldruck. Interessant sind auch Positiv-Negativ-Schnitte. Entweder findet der Wechsel innerhalb eines Entwurfs statt, oder ein Motiv wird sowohl positiv als auch negativ gestaltet.

Wegen der technischen Schwierigkeiten wird der Linoldruck häufig erst bei Jugendlichen eingesetzt. Er kann aber schon von Kindern ab etwa acht Jahren angewandt werden; die Kinderpflegerin muss jedoch bei technischen Problemen Hilfestellung geben. Da Kinder noch ganz spontan zeichnen können, bietet sich ein linienhaftes Gestalten an. Dieses ist beim so genannten Weißlinienschnitt möglich. Dieser ist auch technisch am einfachsten zu bewältigen. Die Linien treten beim Druck weiß aus der schwarzen Umgebung hervor. Walzt man allerdings mit weißer Farbe ein und druckt auf schwarzem Papier, so bekommt man schwarze Linien. Die Arbeit steht dann als schwarze Zeichnung auf hellem Grund.

Beim Schneiden ist darauf zu achten, dass die Hand, die die Platte festhält, immer hinter der schneidenden Hand liegt, damit das Messer beim Wegrutschen keine Verletzungen hervorrufen kann.

3.3.5 Styropordruck

Für Kinder ist der Styropordruck leichter zu handhaben als der Linoldruck. In Styroporplatten (sie dienen häufig als Verpackungsmaterial) oder dünne Styreneplatten (gibt es im Fachhandel) können mit Pinselstielen, Nägeln, Kämmen und anderen Werkzeugen verschiedene Spuren leicht eingedrückt werden. Dies sollte ganz frei und spielerisch geschehen. Natürlich lässt sich auch zeichnerisch und gegenständlich arbeiten. Styropor lässt sich außerdem auch schmelzen und auflösen. So frisst zum Beispiel ein Filzstift mit lösungshaltiger Farbe Spuren in das Styropor. Auch wasserunlöslicher Klebstoff frisst sich in die Druckplatten. Die Platte wird nach der Bearbeitung eingewalzt, auf das Druckpapier gelegt und abgedruckt. Hier leistet ein Japanischer Handreiber, eine mit Bambus bezogene Pappscheibe, gute Dienste. Beim Abdruck sieht man, dass auch die Oberflächenstruktur des Styropors sehr reizvoll sein kann.

Rembrandt und seine Frau Saskia

3.3.6 Radierung

Als letztes grundlegendes Druckverfahren soll der Tiefdruck vorgestellt werden. Dazu gehört die Radierung (lat. radere = schaben, kratzen). Sie ermöglicht es, feinste Linien zu drucken und im Druck eine Fülle von Hell-DunkelWerten zu erreichen. Das gewünschte Bild wird mit einer Radiernadel direkt in eine Kupferplatte eingeritzt (Kaltradierung) oder es wird ein Ätzgrund, der auf die Platte gestrichen wurde, leicht angeritzt. Durch Ätzen werden dann die Spuren vertieft (Ätzradierung). Später wird Druckfarbe in die Spuren gedrückt, sodass dann nur diese Vertiefungen drucken. Ein berühmter Vertreter der Radierkunst ist der Holländer Rembrandt van Rijn (1606-1669). Er brachte die Darstellung von Licht und Dunkel zu höchster Meisterschaft.

Übung: Drucken mit Rhenalonplatten

Ein preiswerteres Ausgangsmaterial als Kupferplatten sind Rhenalonplatten (Kunststoffplatten). Diese Platten sind auch wesentlich leichter zu bearbeiten. Da feinste Linien gedruckt werden können, bieten sich als Themen Naturstudien an: Bäume, Blätter, Blüten usw. Auch das Thema Landschaft ist sehr reizvoll. Das Thema „Fenster“ kann eine interessante doppelte Perspektive beinhalten. Drinnen (der Innenraum, das Zimmer) und draußen (die Landschaft oder Stadt vor dem Fenster) müssen in Einklang gebracht werden.

- Rhenalonplatten (DIN-A5) können leicht mit einer alten Schere halbiert werden;
- Kaltnadel, massive Radiernadel oder Nägel,
- Zeichenpapier, Bleistift (2B),
- Druckwalze, Japanaqua, Glasplatte,
- Lappen,
- Kupferdruckpapier (zum Beispiel Japan-Similipapier),
- Handdruckpresse.

- zunächst die Zeichnung mit Bleistift auf einem Zeichenpapier in der Größe der Rhenalonplatte (DIN-A5 oder DIN-A6) ausführen;
- diese Zeichnung unter die durchsichtige Rhenalonplatte legen;
- mit einer Kaltnadel (spitze Nadel in Holzfassung) oder mit einer massiven Radiernadel das gewünschte Bild in die Platte einritzen;
- mit einem Ledertampon oder mit einem Lappen Druckfarbe in die Ritzspuren drücken;
- Kupferdruckpapier auflegen; das Papier muss gleichmäßig befeuchtet sein (am besten zwei Tage vorher mit Pflanzensprüher anfeuchten, zwischen Zeitungen legen und mit Plastikfolie bedecken);
- in einer Druckpresse (dies ist notwendig, da viel Druck ausgeübt werden muss, um feinste Linien abdrucken zu können) das Motiv drucken.

Da allerdings technisch sorgfältig gearbeitet werden muss, ist die Technik der Radierung für Kinder weniger geeignet.

3.3.7 Walzendruck

Ständig benutztes Hilfsmittel zum Einwalzen aller Druckstöcke ist die Druckwalze. Wenn zufällig einmal nach dem Einwalzen des Druckstocks, zum Beispiel beim Kordeldruck, überschüssige Farbe auf der Zeitungsunterlage abgewalzt wird, so ist zu sehen, dass die Formen des Kordeldrucks in der Negativform abgedruckt sind. Das Kordelmotiv hat beim Überrollen des Druckstocks die Farbe auf der Walze weggedrückt. Der Zufall gibt hier die Anregung, einmal mit der Walze allein zu drucken. Beim Walzendruck handelt es sich um einen Flachdruck: Es sind keine Höhenunterschiede vorhanden.

- Druckwalze;
- Papier (DIN-A3 oder Tapeten);
- Japanaqua in verschiedenen Farben.

- unterschiedliche Möglichkeiten in der Führung der Walze;
- entweder in rhythmischen Schwüngen oder auch in strenger Senkrecht- oder Waagerechtrichtung;
- das Motiv des Druckstocks spielt immer mit;
- auch wenn die Druckwalze ganz normal mit Farbe (am besten zuerst mit Schwarz drucken) eingewalzt wird, entstehen in der Walzspur interessante Flecken und viele Hell-Dunkel-Werte;
- in kurzen oder in lang durchgehenden Bahnen walzen;
- mit der Kante der Walze Druckspuren erzeugen; sie sind linienhaft, häufig strahlenförmig;
- mit der Walze lassen sich freie Arbeiten sowie schöne Geschenkpapiere drucken.

Rhythmische Führung der Druckwalze

Kinder haben mehr Spaß an gegenständlichen Motiven. Es eignen sich Motive, die sich „bauen" lassen, zum Beispiel Häuser (auch Hochhäuser), eine Lokomotive, ein Zug. Hier werden die senkrechten und waagerechten Walzspuren eingesetzt. Wird mit Schwüngen gearbeitet, können Meereswellen und Hügelketten entstehen.

Übung: Überrolldruck

Die Themen können sein: Konstruiertes (Stanzteile) und Gewachsenes (Naturmaterialien), eine Landschaft oder freie Komposition.

- Druckwalze,
- Japanaqua,
- verschiedene Materialien wie Blätter, Stanzteile, Wellpappe, strukturierte Textilien,
- Zeitungspapier,
- dünnes Papier.

- auf einer Fläche die ausgesuchten Materialien anordnen;
- dünnes Papier darüber legen;
- mit einer Druckwalze, die mit sehr wenig Druckfarbe versehen ist, über das Papier walzen;
- nun werden die darunterliegenden Teile sichtbar.

Übung: Mischtechnik

- Druckwalze,
- Japanaqua,
- Blätter, Stanzteile, Wellpappe, strukturierte Textilien,
- dünnes Papier.

- zunächst Materialien auf eine Platte legen;
- Teile dünn mit Druckfarbe einwalzen, Papier darauf legen;
- mit Walze darüber rollen;
- nun sind zwei Drucke vorhanden: auf der einen Seite des Blattes steht der Überrolldruck, auf der anderen der Materialdruck.

In diese beiden Drucke kann mit Stempeln erneut hinein gedruckt werden.

3.3.8 Monotypie

Die Monotypie (griech. Einzeldruck) wurde von vielen Künstlern angewandt, zum Beispiel von Pablo Picasso oder Paul Klee. Es handelt sich um einen Fiachdruck. Diese graphische Technik ist bestimmt von der Linie, wird also zeichnerisch erstellt. Sie kann aber auch Materialmonotypie sein.

Übung: zeichnerische Monotypie

Es ist zu überlegen, auf welchem Umweg zeichnerische Fähigkeiten wieder aktiviert werden können. Da es den meisten Menschen schwer fällt, etwas zu zeichnen, ist ein kleiner Trick sicher sehr willkommen: Es soll mit einer durchlaufenden Linie gezeichnet werden, An irgendeiner Stelle des Blattes wird begonnen. Der Zeichnende überlässt sicht nun dieser immer weiterlaufenden Linie und wird **spielerisch** zu den verschiedensten Formen, zum Beispiel

Gesichter, Bäumen, freien Formen, geführt. Die Fantasie kann auch dadurch angeregt werden, dass man zunächst auf irgendeine Weise, etwa mit dem Finger, eine Spur erzeugt. Auf dem umgedrehten Blatt wird die entstandene Spur durch Linienspiele weiterentwickelt.

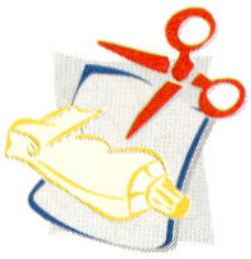

- Glasplatte oder glatte Kunststoffplatte,
- Japanaqua, Druckwalzen,
- Zeichengeräte: Kugelschreiber, Bleistift, Holzstäbchen, Pinselenden, Finger,
- dünnes Papier (DIN-A4) geeignet sind Makulaturpapier oder Zwischenblätter von Klarsichtfolien, die beim Kopieren abfallen,
- Zeitungspapier als Unterlage.

– auf die Druckplatten dünnes Papier (DIN-A4) legen;

– mit dem Stift so zeichnen, dass die Hand das Blatt nicht berührt;

– zusätzlich kann mit den Fingern oder einem Gegenstand gerieben oder getupft werden;

– an den Stellen, an denen das Zeichenwerkzeug aufdrückt, nimmt die Unterseite des Blattes die Druckfarbe der Glasplatte an;

– es entsteht ein Bild mit besonderem Ausdruckt, da auch Stellen Farbe annehmen, die nicht beeinflusst werden können;

– die Linien, die nun auf dem umgedrehten Zeichenblatt schwarz stehen (positiv), sind auf der Glasplatte weiß, da ja dort die Farbe weggenommen wurde; auch dieses Negativbild lässt sich von der Platte abnehmen.

Mit Pastellfarben nachträglich colorierte Monotypie.

Eine weitere Möglichkeit besteht darin, auf der normal mit Japanaqua eingewalzten Platte mit verschiedenen Werkzeugen (Pinselstiel, Wellpappenrest, Kamm) Spuren zu ziehen. Die dunkle Farbe wird dabei verdrängt und es entstehen beim Druck weiße Stellen. Wird nun noch von dem Druck ein Abdruck gemacht (indirekte Monotypie), so entspricht dieser der ursprünglichen Gestaltung auf der Glasplatte. Er ist also nicht seitenverkehrt. Bei der Monotypie und bei allen anderen Drucktechniken entstehen viele Zufallsergebnisse. Es kommt darauf an, diese Möglichkeiten der Gestaltung zu sehen und zu nutzen. Der besondere Ausdruck der Technik regt die Fantasie an und reizt zum Geschichtenerfinden. Vielleicht entsteht auch ein Gedicht.

Kinder haben noch die Fähigkeit, spontan und kreativ zu zeichnen. In der Monotypie können sie eine neue Ausdrucksmöglichkeit für ihre Fähigkeiten finden. Geheinnisvolle Themen wie: „Frau mit Schleier“, „Geisterschloss“ eignen sich besonders für diese Technik.

Übung: Materialmonotypie

- Glasplatte oder Kunststoffplatte,
- Japanaqua,
- Druckwalzen,
- als Druckmaterial dienen Obstnetze oder ähnlich strukturierte Gewebe,
- dünnes Papier (DIN-A4), zum Beispiel Makulaturpapier, Zeitungspapier als Unterlage.

– Materialien auf die mit Japanaqua eingewalzte Glasplatte legen;
– dünnes Papier darüber legen und mit einer sauberen Walze darüber rollen;
– auf dem Druckbild sind die weißen Aussparungen zu sehen (Negativbild);
– Zweitabdrucke machen.

3.3.9 Abklatschverfahren (Décalcomanie)

Übung: Bilderbuch

Das Abklatschverfahren ist eine weitere, dem Flachdruck nahestehende Drucktechnik. Beschrieben wurde sie bereits im 2. Kapitel unter „Mischübungen“. Durch die Möglichkeit der Ausdeutung der für diese Technik charakteristischen Farbquetschflecken ist sie hervorragend dazu geeignet, ein Bilderbuch zu gestalten. Die Flecken lassen allerhand skurile Figuren entstehen, die die Fantasie stark anregen.

Zunächst muss eine Experimentierphase, in der eine ganze Reihe von Drucken erstellt wird, stattfinden. Dann werden die gelungensten Drucke ausgesucht. Dazu wird nun etwas Literarisches erfunden: Gedichte, Geschichten, Märchen oder auch nur kurze Sätze, damit die Kinder beim Blättern selbst viel fantasieren können. Am besten sollte man schwarze Farbe verwenden. Sie ist am ausdrucksstärksten und lässt sich sehr gut mit weiteren farbigen Gestaltungen verbinden.

- zwei Glasplatten,
- Japanaqua,
- schwarzer Filzstift, Buntstifte,

- Druckwalze,
- dünnes Papier (zum Beispiel Makulaturpapier),
- Zeitungspapier als Unterlage,
- Schere,
- zwei Pappen für den Einband,
- Locher,
- Kordel zum Zusammenziehen,
- Falzbein.

Drucken:

- nicht zu dicke Farbflecken auf eine Glasplatte geben;
- eine zweite Glasplatte darauflegen (Farbe wird gequetscht), dann diese wieder abnehmen;
- eine Reihe von Druckversuchen machen (Mehrfachabdrucke, neue Fleckenanordnung usw.);
- die besten und anregendsten Arbeiten aussuchen;
- inspiriert von den Flecken wird eine behutsame Ausdeutung mit einem schwarzen Filzschreiber vorgenommen (Figuren werden auf diese Weise ergänzt und herausgehoben und dadurch deutlicher);
- falls gewünscht, Blätter farbig weitergestalten (zum Beispiel mit Buntstiften);
- eventuell auch gedruckte Figuren ausschneiden und eine Collage erstellen;
- eine Geschichte oder ein Gedicht erfinden und aufschreiben;
- Überlegungen zur Verteilung von Bild und Schriftteil anstellen (es ist darauf zu achten, dass eine einheitliche Gestaltung entsteht. So kann zum Beispiel der Textteil durchgehend auf Rückseiten und der Bildteil auf Vorderseiten liegen, sodass beim Aufschlagen des Buches der Bildteil immer rechts und der Schriftteil links liegt; Abstände vom oberen Bildrand immer gleichhalten);
- Schreiben der Texte (je nach Vermögen mit guter Handschrift oder mit Druckschrift);
- Zuordnung der Bildteile.

Binden des Buches

- Für den Einband einfach 2 Pappen (zum Beispiel Tonpapier) nehmen, lochen und mit einer Kordel zusammenhalten; sie sollten etwas größer sein als die Druckseiten; der Einband kann auch aus einem Karton, der in der Mitte gefalzt wird, bestehen;

- In der Mitte des Kartons die zu knickende Linie mit einem Falzbein falzen;

- Im entstandenen Falz lässt sich der Karton umbiegen (dies erfolgt immer in entgegengesetzter Richtung);
- Knicken des Kartons, Bruchseite mit Falzbein falzen;
- Sollte das Buch viele Blätter haben, ist es notwendig, einen Buchrücken zu knicken, das heißt es müssen 2 Falze vorhanden sein;

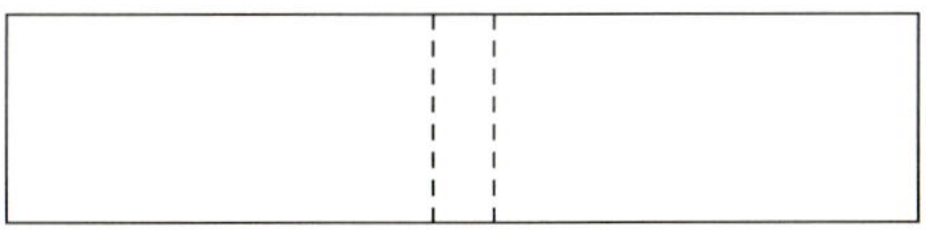

- Bei den Buchseiten erleichtert ein Falz an der Seite das Hochklappen;

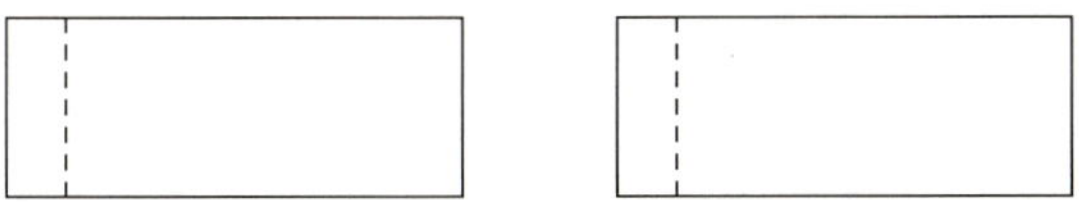

- Seiten ineinanderschieben und Seite für Seite zusammenkleben (darauf achten, dass jede Seite gut hochgeklappt werden kann);

- Bei dieser Übung ist es wichtig, dass die Arbeiten sorgfältig gemacht werden, da ein gut gearbeitetes Bilderbuch seine Wirkung nicht verfehlt.

Décalcomanie

3.4 Räumliches Gestalten

Bei den bisher beschriebenen Gestaltungstechniken handelt es sich überwiegend um flächiges Gestalten. Ein wichtiger Bereich kreativer Betätigung ist aber auch die Auseinandersetzung mit dem Raum. Hier ist besonders das Bauen zu erwähnen. Es gehört zu den Lieblingsbeschäftigungen der Kinder und das Bauen mit großen Kartons ist sicherlich abenteuerlich. Auch das Plastizieren, zum Beispiel mit Ton, ist ein ganz wesentlicher Bestandteil räumlicher Gestaltung, sowohl für Erwachsene als auch für das Kind. Ebenfalls wichtig ist die Auseinandersetzung mit härteren Materialien wie Holz oder Stein, die demjenigen, der damit arbeitet, Widerstände entgegen setzen. Schließlich sollte die Beschäftigung mit beweglichen Figuren, wie zum Beispiel Spielpuppen nicht vergessen werden. Hier können Bühnenraum und Puppenkörper in Einklang gebracht werden.

3.4.1 Bauen

Grundvoraussetzung für dieses Thema ist das „Sammeln“. Ein großer Karton muss für diese Aktion bereitstehen, um alle Sammelstücke aufzunehmen. Im Haushalt, in Fabriken, in Handwerkstätten und im Garten wird nach „Abfällen“ gefragt und alles zusammengetragen. Es kann sich um Holz, Metall, Kunststoffe, textile Stoffe, Fäden, Steine, Pflanzen usw. handeln. Der Fantasie sind beim Bauen keine Grenzen gesetzt. Die Teile lassen sich mit Fäden oder Drähten lose verbinden und mit Heißkleber oder Nägeln befestigen und montieren.

Übung: Bauen mit Kartons

Für diese Aktion müssen viele Kartons, unterschiedlich in Größe und Form bereitstehen. Es wird entweder frei nach eigener Fantasie oder nach Themen gearbeitet.

- große Kartons von Obst, Stiefel und Schuhen,
- Tapetenreste,
- Tapetenkleister, Bindfaden,
- Teppichmesser, Schere,
- Abtönfarben, breite Pinsel.

– Die Arbeiten sollte man in den Räumlichkeiten bauen, in denen sie anschließend aufgestellt und dekoriert werden sollen;

– die Kartons mit Bindfäden verknoten und mit Tapetenkleister eingestrichenen Tapeten überkleben (das ergibt den notwendigen Halt);

– eventuell mit Abtönfarben anmalen.

Bauen mit Kartons

Übung: Experimentelles Bauen

Hierzu benötigt man eine große Auswahl von Verpackungsmaterialien, viel Raum zum Arbeiten und Menschen, die ihren Bewegungsdrang austoben und ihrer Fantasie freien Lauf lassen möchten. Kinder sind hierbei die erdenklich besten Akteure.

- Verpackungs- und Restmaterialien aller Art,
- Drähte und Bindfäden, Heißkleber,
- Nägel, Hammer,
- Matt- und Glanzlack.

- die ausgesuchten Materialien in die Hand nehmen, abwägen, und entscheiden, wie sie aneinander gesteckt, geklebt oder verdrahtet werden sollen;
- die Objekte sollen ein Fundament bekommen, damit sie einen festen Stand haben;
- bei dieser Arbeit auf ein Anmalen verzichten, eventuell stellenweise glänzend oder matt lackieren, um noch eine Licht-Schattenwirkung herauszuholen (matte und glänzende Lackierung ist auch an einem Objekt möglich).

Übung: Bauelemente aus Holz

Zum Bauen von größeren Bauwerken benötigt man eine große Menge von „Bauklötzen“ und viel Platz, um so ein Werk auch für etwas längere Zeit stehen lassen zu können. Manche Einrichtungen verfügen sogar über einen „Bauteppich“. Die Kinder können mit „Belebungsmaterialien“ wie Figuren, Autos oder Naturmaterialien (Hölzer, Rinden oder Blätter) ihr Spiel bereichern.

Viele Klötze und Bauformen können von den Kindern angefertigt werden. Die zurechtgesägten Formen werden glatt geschmirgelt und mit Deckfarben angemalt. Da die kleineren Kinder beim Spielen gerne Bauklötze in den Mund nehmen, ist eine Behandlung mit Klarlack notwendig. Als Anregung zum Arbeiten mit Holz kann das Buch „Kasimir tischlert" eingesetzt werden. Hierin sind Begriffe und Werkzeuge für die Holzverarbeitung anschaulich gezeichnet und erklärt.

3.4.2 Plastizieren

Im Gegensatz zur Steinbildhauerei (Skulptur), bei der etwas weggeschlagen wird, geschieht das Plastizieren durch Formen eines weichen Materials wie Ton oder einer anderen knetbaren Masse. Die ersten Versuche mit leicht knetbarem Material werden meist in der Kindheit gemacht. Mit Matsch (Lehm), den die Kinder draußen finden, lässt sich sehr gut etwas formen, zum Beispiel ein Tier. Die meisten Kinder arbeiten auch irgendwann mit Knetgummi. Allerdings sind die angebotenen Mengen oft so gering, dass nur kleine Figuren geformt werden können. Sand hingegen ermöglicht ein viel großzügigeres Arbeiten. Es ist ein hervorragendes Material mit dem am Strand Burgen gebaut oder auch einmal ein riesiger Drachen modelliert werden kann. Auch mit frischem Schnee kann sehr gut etwas geformt werden. Der altbekannte Schneemann kann dann auch durch Tiere, die eine kompakte Form haben, wie ein Fisch oder ein Uhu, ersetzt werden.

Tonarbeiten

Es gibt sehr viele Tonarten, die sich durch Farbe, Zusammensetzung, Körnigkeit und die dadurch bedingte verschiedenartige Plastizität voneinander unterscheiden. So ist zum Beispiel der schon erwähnte Lehm ein Ton, allerdings ist er durch Gesteinsreste stark verunreinigt. Der reinste Ton ist das weiße Kaolin. Daraus wird Porzellan hergestellt. Außer weißen Tonarten gibt es gelbe (sie brennen rot, da Eisenoxyd enthalten ist) und braune Tonarten. Modelliertone sind besonders geschmeidig (fetter Ton). Tone, die für Aufbauarbeiten (zum Beispiel Gefäße ab 15 cm) verwandt werden, enthalten Schamotte (zermahlener, gebrannter Ton), um Stabilität zu gewährleisten (magerer Ton). Im Laufe der Jahrtausende sind überall auf der Erde durch Verwitterung von Gesteinen und Mahlwirkungen von Gletschern so genannte Tonlager entstanden. In Deutschland sind sie an den Rändern der Mittelgebirge zu finden. Der Ton ist also ein Naturprodukt, das unmittelbar aus der Erde gegraben wird.

Der leicht formbare Werkstoff Ton besitzt therapeutische Qualitäten. Er gibt dem Menschen die Möglichkeit, seine Gefühle auszudrücken, was bei schwierigen Kindern oder Jugendlichen sehr wichtig ist. Kinder haben noch die Fähigkeit, figürliche Arbeiten spontan zu entwickeln. Jugendliche sind im Allgemeinen mehr an der Hohlplastik (Gefäße) interessiert, da die Kraft bildnerischer Gestaltung in der Pubertät abnimmt. Ton ist ein Werkstoff, der durch seine Nachgiebigkeit leicht zu flüchtiger Behandlung des Materials verleitet. Deshalb ist darauf zu achten, dass man sich nicht zu ausdruckslosen Formen wie Aschenbechern verleiten lässt, aber auch nicht gleich die Anforderungen zu hoch schraubt und sofort eine Teekanne herstellen will. Bei der Herstellung von Gefäßen ist sehr viel Disziplin erforderlich. Schaut man sich alte Gefäße, aus der Steinzeit an, die die Menschen nur mit der Hand geformt haben, erstaunt den Betrachter die sorgfältige und formschöne Herstellung.

Übung: Darstellung von Gefühlen

Wichtige Lebenserfahrungen wie die Erlebnisse während einer Praktikumszeit im Kindergarten oder im Hort, können Ausgangspunkt für die Darstellung der Lebensgefühle in dieser Zeit sein.

- Tonklumpen (etwa in Apfelsinengröße),
- Arbeitsplatte (Hartfaserplatte),
- als Werkzeug dienen die Hände.

- Durch Schlagen und Kneten des Tons wird der erste Kontakt zum Material Ton gefunden;
- eine Kugel wird geformt;
- diese Kugel wird durch Hineindrücken und Herausdrücken von Formen verändert, die Ausgangsform der Kugel sollte noch erkennbar sein;
- verschiedene Formen für Aggression oder Harmonie, für Miteinander, für Traurigkeit oder Fröhlichkeit können versucht werden.

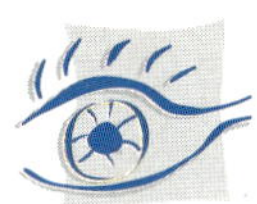

Diese Übung lässt sich auch sehr gut als eine Grundübung der Gesetzmäßigkeiten des Plastischen durchführen. Dann kommt es nicht auf den Ausdruck von Gefühlen an, sondern darauf, dass die Kugel durch Höhlungen und Wölbungen verändert wird, wobei die Grundform der Kugel bestehen bleiben soll. Auch die Grundform eines Eis kann geschaffen werden. Durch spielerisches Tun mit der Hand wird daraus dann ein Kopf geformt. Auch hier soll die Eiform erkennbar bleiben.

Übung: Wünsche

Es wird hier eine Möglichkeit beschrieben, wie man Wünsche verdeutlichen, aber auch erste Erfahrungen mit der Gefäßherstellung machen kann.

- Nehmen Sie eine Tonmenge, die ungefähr die Größe einer Apfelsine hat;
- formen Sie mit geschlossenen Augen eine Kugel;
- drücken Sie mit dem Daumen in die Kugel und drehen Sie das entstehende Schälchen ständig;
- egalisieren Sie den Rand des Gefäßes mit geöffneten Augen; nun ist ein Gefäß entstanden, das einen Wunsch aufnehmen kann;
- formen Sie irgendeinen Gegenstand, den Sie sich wünschen oder eine Landschaft, die Sie lieben, und legen Sie dieses Teil dann in das Schälchen.

Übung: Terracotta-Figuren

Ein sehr eindrucksvolles Thema ist die Darstellung zweier Menschen. Die Terracotta-Figuren (gebrannte Erde) sollten nicht viel höher als 15 cm sein. Diese Menschen können in vielfältiger Beziehung zueinander stehen: Mutter – Kind, Freunde – Feinde usw. Sie können auch viele Gefühle ausdrücken: Liebe, Abwehr, Trauer usw.

Bei dieser Übung ist es wichtig, die Figuren zu vereinfachen und sich auf das Wesentliche zu beschränken. Dabei ist es möglich, dass die Figuren sehr spontan skizzenhaft gestaltet werden und eine bewegte Oberfläche haben. Sie können aber auch blockhaft und ruhig gestaltet sein, was sich auch in sehr sorgfältigen klaren Außenformen zeigt. Es sollte nur mit den Händen geformt werden. Modellierhilfen verführen nur dazu, nebensächliche Einzelheiten auszuarbeiten.

Tonarbeiten mit Kindern

Für Kinder ist das Arbeiten mit Ton sehr wichtig. Wie beim Zeichnen und Malen bearbeiten sie alle Themen ganz spontan, ob es sich nun um menschliche Figuren, Tiere oder kleine Gefäße handelt. Sie sind in der Lage, zu vereinfachen und dabei das Wesentliche zu sehen. Bevor jedoch Gegenstände hergestellt werden, muss darauf geachtet werden, dass die Kinder mit dem Material experimentieren, damit sie mit ihm vertraut werden. Die Kinder kneten den Ton durch, drücken Höhlen hinein und Buckel heraus, formen dann vielleicht eine Kugel und lassen diese wiederum durch Eindrücken zu einem einfachen Schälchen werden. Im Allgemeinen sind Kinder fasziniert von diesem feuchten, erdigen Material. Das sieht man auch schon daran, dass die meisten Kinder es lieben, durch Matsch zu laufen. Ton ist zudem ein uralter Werkstoff, der die Kinder schon vor tausenden von Jahren magisch angezogen hat.

Wichtig ist, dass die Kinder mit der ganzen Hand modellieren können. Wie beim Zeichnen und Malen sollen sie auch beim plastischen Gestalten großzügig arbeiten. Man beobachte nur mit welcher Freude Kinder einen Schneemann oder am Strand eine Sandburg bauen. Mit Kindern kann das Thema „Wünsche“ sehr gut verwirklicht werden. Tiere mit ihren typischen Formen sind ebenfalls beliebte Darstellungsobjekte. Vögel, Katzen, Schweine, Seehunde, Elefanten usw. lassen sich gut modellieren. In der Vorweihnachtszeit bietet es sich an, mit den Kindern eine Krippe zu modellieren. Ein anderes Thema könnte Pferd und Reiter sein. Weitere Themen: „Meine Familie“, „Vater und Mutter“, „Vogel im Nest“.

Schon beim Formen mit Knetgummi fällt auf, dass Kinder additiv vorgehen (genau wie beim Zeichnen), das heißt, sie setzen zum Beispiel einen Menschen aus Einzelteilen zusammen. Es ist darauf zu achten, dass die Stellen, an denen Arme und Beine angesetzt werden, angeritzt und mit ein wenig Tonbrei (Schlicker) versehen werden. Dann wird der Ton zum Beispiel vom Oberarm mit dem Finger oder Modellierholz an den Körper herangezogen. Wenn dies nicht beherzigt wird, haben die Teile keinen Halt und fallen beim Trocknen ab.

Übung: Kaschierte Masken

Bei Masken gibt es eine Vielzahl von Ausdrucksmöglichkeiten und Bedeutungen. Den traditionellen Masken werden häufig dämonische Kräfte zugeschrieben. Sie stellen zum Beispiel Hexen dar, die den Winter vertreiben (Süddeutschland), oder sie haben kultische Bedeutung und stehen in Verbindung mit Göttern oder den Seelen von Verstorbenen (afrikanische Masken). Sowohl für Erwachsene als auch für Kinder ist das Thema „Maske aus Ton“ eine besonders lohnende Aufgabe. Im Folgenden soll zunächst eine Technik beschrieben werden, die für Jugendliche etwa ab dem 8. Schuljahr und Erwachsene geeignet ist.

Bei den kaschierten Masken handelt es sich um Papiermasken, die von einer Tonmaske abgenommen werden.

- Ton,
- Arbeitsplatten,
- Zeitungspapier, Illustrierte,
- Topf mit Kleister, Topf mit Wasser,
- Messer,
- Wasserfarben, Abtönfarben, Kreiden, Buntstifte,
- Klarlack auf Wasserbasis, Bohnerwachs.

- Zunächst werden mehrere Bögen Zeitungspapier zusammengeknüllt und zu einem „Maskenkern“ geformt;
- darüber wird schalenartig eine etwa 2 cm starke Tonschicht gezogen;
- die nun folgende Modellierung der Gesichtszüge kann den natürlichen Maßen eines Gesichtes folgen, eventuell auch idealisiert sein;
- die Modellierung kann aber auch (das ist im Allgemeinen ausdrucksvoller) stark abstrahiert oder verzerrt sein;
- die Formen der Maske zum Schluss gut glätten;
- nun sollte man etwa handtellergroße Zeitungsstücke reißen, durch Wasser ziehen und in zwei Schichten auf die feuchte Tonmaske schmiegen; sorgfältiges Arbeiten ist wichtig, damit keine Luftblasen entstehen und die Oberfläche glatt bleibt;
- über das ganze Gesicht mit den Händen Kleister streichen; jetzt folgen noch 4-5 Schichten und eine Abschlussschicht, die auch aus stärkerem Papier (Packpapier) bestehen kann;
- über jede einzelne Schicht Kleister streichen;
- ratsam ist es, von Schicht zu Schicht die Papierfarben zu wechseln, also mal ganz dunkel, mal ganz hell, mal rot, mal blau usw.; so sieht man genau, wo noch Teile aufzulegen sind;

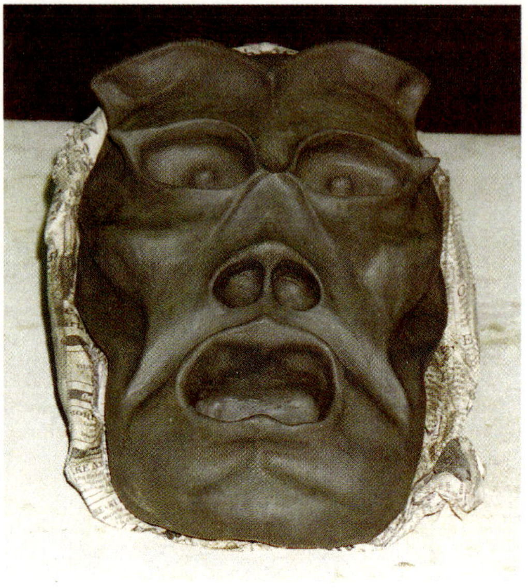

Tonmaske

kaschierte Maske

- das Ganze wird sorgfältig getrocknet, dabei zieht sich die Tonmaske zusammen;
- die hart gewordene Papiermaske lässt sich mit einem alten Tafelmesser langsam lockern und abheben, wenn es am Rand schwierlg sein sollte, empfiehlt es sich, mit einem scharfen Messer (Tapetenmesser) ringsherum zu schneiden;
- Masken mit Wasserfarben, Kreiden, Buntstiften usw. bemalen.

Es kann auch ganz spannend sein, wenn zwei Masken abgeformt und dann völlig gegensätzlich bemalt werden. Manchmal sieht die abgenommene Maske durch die Verwendung verschiedener Papiere (auch Illustriertenpapiere) schon so interessant aus, dass das Bemalen gar nicht mehr notwendig ist. Frischere Farbigkeit erhält die Maske durch Überziehen mit Klarlack oder Bohnerwachs. Die Tonmaske ist zu schön, um zerstört zu werden. Entweder sollte man sie so aufbewahren, eventuell auch mit Kreiden anmalen oder im Brennofen bei 950 °C brennen.

Kinder können auch die oben beschriebene Kaschiertechnik durchführen. Dabei könnten sie einen Hut formen. Dle Kinder nehmen dazu eine Email- oder Keramikschüssel, legen wie bei der Tonmaske eine oder mehrere Schichten aus nassem Zeitungspapier, Illustriertenpapier oder Tapetenstücke auf die Außenfläche der Schüssel. Keinen Kleister verwenden! Erst die nächsten Schichten mit Kleister versehen. Aus der hartgewordenen, getrockneten Form, die dann abgenommen wird, lässt sich vortrefflch ein wunderbarer Hut gestalten. Außerdem kann von den Kindern auch eine Maske aus Ton angefertigt werden. Dabei muss man einen Tonklumpen flachklopfen, sodass eine Gesichtsscheibe entsteht (die Form mit einem Messer ausgleichen).

Die Gesichtszüge werden entweder eingeritzt oder mit dünnen Tonwülsten aufgesetzt. Auch das Eindrücken von Formen, zum Beispiel mit kleinen Stempeln oder Rundhölzern ist möglich. Ein kleines Loch hinter der Stirn ermöglicht es, die Maske aufzuhängen. Diese Tonarbeiten haben Reliefcharakter. Auf einer Tonkachel kann ähnlich verfahren werden, wie es im folgenden Kapitel geschieht.

Übung: Reliefarbeiten

Es können erste plastische Erfahrungen mit dem Relief (ital./franz., erhabene Arbeit) gemacht werden. Dabei sind die Formen noch an die Fläche gebunden, treten aber mehr oder weniger aus der Fläche heraus (Flach-, Hochrelief). Bei den zahlreichen möglichen Techniken werden viele Erkenntnisse über das Material Ton gesammelt, die dann für die Herstellung von Gebrauchsgegenständen wichtig sind. Bei der Reliefarbeit in dieser Übung wird eine Tonplatte bearbeitet. Es können dabei Positiv- oder Negativformen hergestellt werden; das heißt, Tonwülste können auf die Tonplatte aufgelegt werden, oder die Tonplatte wird durch Einritzen und Eindrücken gestaltet.

Zunächst ist zu überlegen, welche Möglichkeiten der Flächengliederung es gibt. Dabei sind folgende Arten der Flächengliederung zu berücksichtigen:
- durch Fingerspuren,
- durch Stempeln,
- durch Aufsetzen von Formen,
- durch Einritzen von Linien.

- Ton,
- Schneidedraht, Rundhölzer,
- Pappkanten u.ä. zum Stempeln,
- Blätter, Früchte usw. zum Aufsetzen.

- Bei der Anfertigung der Tonplatten soll von einem Tonblock, der vorher gut durchgeschlagen wurde, mit einem Schneidedraht eine Platte abgeschnitten werden oder aber ein Tonklumpen mit einem Rundholz (wie beim Teigausrollen) flach gewalzt und die benötigte Fläche ausgeschnitten werden, dabei soll die Platte eine Stärke von ungefähr 1,5 bis 2 cm haben, die Größe der Platte kann variieren, sie kann dem DIN-A4-Format entsprechen, bei Kacheln allerdings auch dem DIN-A5-Format;
- wenn man die Fläche durch Fingerspuren gliedert, wird die Tonplatte durch Drücken und Schieben mit den Fingern strukturiert;
- bei einer Flächengliederung durch Stempeln werden mit Rundhölzern, Pappkanten, Naturmaterialien usw. Vertiefungen in die Fläche gedrückt;
- die Fläche kann natürlich auch durch Aufsetzen von Formen gestaltet werden, wie Tonwülsten, Tonkugeln, aber auch Blätter, Früchte usw. (ähnlich einem Stilleben);
- beim Aufsetzen von größeren Formen ist darauf zu achten, dass der Untergrund angeritzt und etwas Tonbrei (Schlicker) aufgetragen wird, damit sich die Form fest mit dem Untergrund verbindet;
- durch Einritzen oder Herausdrücken von Linien kann man die Fläche auch gliedern.

Auch Kinder können sehr gut ein kleines Relief in den beschriebenen Techniken erstellen. Hier sollten aber möglichst gegenständliche Themen ausgewählt werden, zum Beispiel Fische, Blumen usw. Die Reliefplatte kann auch eine gegenständliche Form haben, etwa die Form eines Gesichtes.

Übung: Gipsabguss von Tonplatten

- Ton,
- Vierkantleisten, Rundhölzer,
- Naturmaterialien wie Steine, Äste, Borke usw.,
- verschiedene Verpackungsmaterialien oder grobe Kunststoffe (zum Beispiel die Einzelteile eines Kugelschreibers),
- Holzleisten oder Blechstreifen für den Rahmen,
- Deckfarben zum Bemalen.

– Profile von Vierkantleisten oder Rundhölzern verschiedener Stärken in die Tonplatte eindrücken;

– andere runde oder eckige Formen in die Tonplatte eindrücken;

– eindrücken von Mustern mit Naturmaterialien, wie Borke, Steine, Ästchen oder aber mit Verpackungsmaterialien und groben Kunststoffen, wie zum Beispiel den Einzelteilen eines Kugelschreibers;

– Tonplatten mit einem Rahmen aus Holzleisten oder Blechstreifen versehen (auch Wände aus Tonstreifen sind möglich, müssen aber sorgfältig gearbeitet sein);

– die Platten mit Gips übergießen.

Gipsabguss vom Tonrelief

Die bearbeiteten Tonplatten sind Negativformen. Erst der Abguss lässt das Positiv-Relief entstehen. Die getrockneten Gipsplatten können gut mit Deckfarben bemalt werden. Mit viel Wasser vermischt sehen die Farben besonders reizvoll auf dem Gips-Untergrund aus.

Kinder können sehr gut freie Versuche machen indem sie verschiedene Dinge in die Tonplatten eindrücken, vielleicht auch Spielzeugteile, Bauklötze usw. Außerdem wird es ihnen auch Spaß bereiten, das reiche Angebot von Formen, das die Natur uns bietet, zu nutzen.

Übung: Gefäßherstellung (Aufbaukeramik)

Eine einfache Möglichkeit, Gefäße herzustellen, ist die Aufbaukeramik. Sie ist eine sehr alte Technik. Das Aufbauen von Gefäßen zwingt zu straffen Formen und ermöglicht es, auch größere Formen herzustellen.

Am Anfang sollten sehr einfache Gefäßformen hergestellt werden, zum Beispiel Trinkbecher. Schon hier sind viele Arten der Formgebung möglich: senkrechte (Zylinder) oder schräge Wand, Becherrand nach außen oder innen gezogen usw. Soll ein Windlicht entstehen, müssen Öffnungen in die Wand geschnitten werden. Für eine Duftlampe wird zusätzlich ein kleines Schälchen, das auf die Öffnung des Gefäßes gelegt wird, modelliert. Als weitere Gefäße können auch bauchige Gefäße aufgebaut werden.

- Ton,
- Hartfaserplatte (als Arbeitsplatte),
- Messer zum Schneiden von Öffnungen usw.,
- eventuell Tischränderscheibe,
- spitze Gegenstände wie Gabeln zum Aufrauen der Oberfläche,
- Glasuren (matt oder glänzend).

- Die Gefäße werden auf einer Arbeitsplatte (Hartfaserplatte) aufgebaut, wenn eine Tischränderscheibe vorhanden ist, ermöglicht diese ein leichtes und gleichmäßiges Drehen;
- zunächst kreisrunde, nicht zu dünne Bodenplatten herstellen, bei Trinkbechern etwa in der Stärke eines kleinen Fingers;
- nach und nach die Wand des Gefäßes durch Auflegen von Tonwülsten etwa so dick, wie ein kleiner Finger, aufbauen (Tonwülste auf einer flachen Unterlage gleichmäßig mit der flachen und gespreizten Hand ausrollen);
- jeden einzelnen Ring innen sorgfältig verstreichen (Zeigefinger zieht den Ton Stück für Stück auf den darunter liegenden Ring, dabei sollte man besonders auf gute Verbindung von Boden und Wand achten);

- Außenwand wird verstrichen, Ringe können aber auch ganz oder teilweise als Schmuck stehen gelassen werden;
- das Gefäß glätten und den Rand besonders sorgfältig bearbeiten;
- die Oberfläche entweder mit Stempeleindrücken mustern oder Tonklumpen oder -wülste aufsetzen, gut ausschlickern;
- man kann aber auch die Oberfläche mit spitzen Gegenständen aufrauen (zum Beispiel mit einer Gabel); auch das Stehenlassen der beim Aufbauen entstandenen Fingereindrücke (Werkspur) ist möglich;
- eventuell auf das harte Gefäß (der Ton ist schon etwas getrocknet, besitzt aber noch Feuchtigkeit) Engobe streichen oder gießen, Engobe ist ein dünner Tonschlicker, den es in verschiedenen Farben gibt;
- nach dem Trocknen der Engobe lineare oder flächige Schmuckformen herauskratzen.

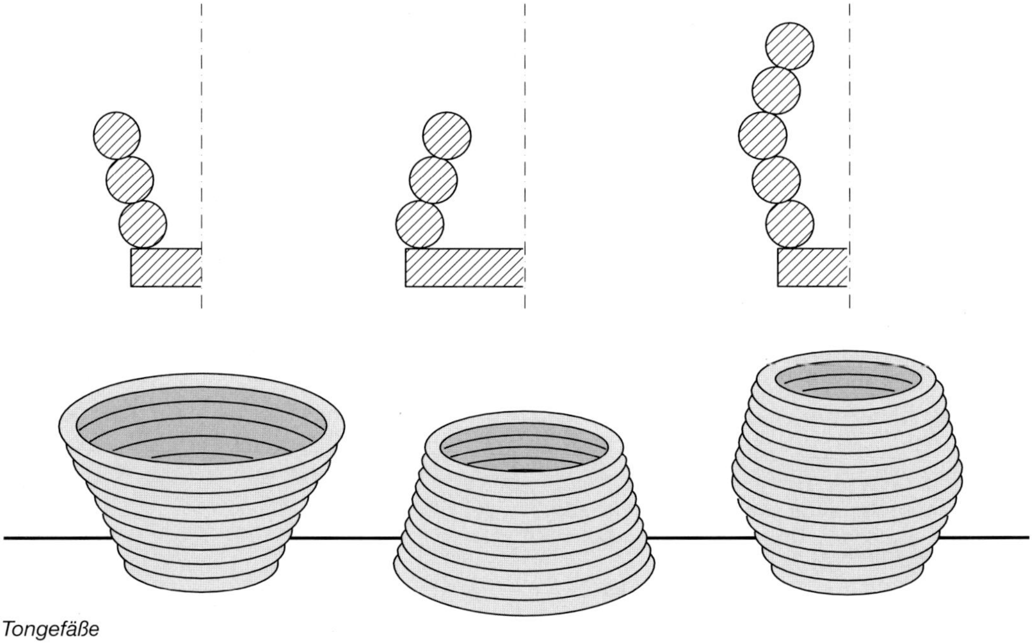

Tongefäße

Glasurbrand

Die Gefäße müssen etwa eine Woche trocknen.

Um die Gefäße dauerhaft haltbar zu machen, werden sie gebrannt. Der erste Brand erfolgt bei etwa 950 °C (Schrühbrand) und macht den Ton zum Scherben. Wasserdicht wird das Gefäß aber erst durch den Glasurbrand, der bei ungefähr 1000-1020 °C erfolgt. Es gibt glänzende und matte Glasuren. Sie sind in vielen verschiedenen Farben im Handel erhältlich. Über die mit Engobe versehenen Stücke kann nach dem ersten Brand eine durchsichtige Glasur gezogen werden.

Kleinere Kinder sind in der Lage, aus einem nicht zu großen Tonklumpen durch Eindrücken einer Höhlung kleine Gefäße herzustellen. Ältere Kinder können kleine Gefäße (Becher, Schälchen) in der Aufbaukeramik herstellen.

3.4.3 Kaschierarbeiten

Die Kaschiertechnik wurde beim Thema Tonmasken bereits beschrieben. Als Untergrund kann bei dieser Technik sowohl eine Tonform als auch eine Form aus Papier (geknüllte Papierkugel als Grundform eines Handpuppenkopfes) oder aber – wie bei dieser Übung – eine Form aus Maschendraht dienen.

Kaschierarbeit – gegenständlich

Übung: Freie Plastik

Zunächst soll mit freien Formen experimentiert werden, um die Möglichkeiten des Materials kennenzulernen. Um ein Gefühl für Volumen zu bekommen, sollten die Drahtflächen nicht zu klein sein. Eine plastische Form kann aus einem Stück gebogen oder aus mehreren Teilen zusammengesetzt werden.

- Maschendraht (in Rollen im Handel erhältlich),
- Blechschere,
- Zeitungspapier, Makulaturpapier, Seidenpapier, eventuell Japanpapier;
- Kleister,
- Pinsel,
- Abtönfarben,
- Arbeitshandschuhe.

- Zurechtschneiden einer größeren Drahtfläche, ungefähr 100 x 100 cm;
- Zurechtbiegen der Fläche (Wellen-, Tütenformen usw.);
- Einschneiden in die Flächen, Teile rollen oder wegklappen;

- Zusammensetzen von Einzelformen, zum Beispiel Röhren; (es ist sinnvoll mit Arbeitshandschuhen zu arbeiten, da das Material recht spröde ist und die einzelnen Drahtenden die Hände verletzen können);
- Kleister anrühren – dieser sollte eine breiige Konsistenz haben, damit das Papier am Draht hält – Packungsbeilage bitte genau lesen; zuerst sollte immer das Wasser in den Eimer gegeben und danach der Kleister eingestreut werden;
- Tische gut mit Zeitungspapier abdecken;
- große Zeitungspapiere oder Makulaturpapiere mit breitem Pinsel mit dem Kleister einstreichen;
- in mehreren Schichten über die Drahtformen ziehen;
- bei Verwendung von Zeitungspapier nach Trocknung mit weißer Dispersionsfarbe grundieren und dann die Form eventuell farbig gestalten.

Auch Kinder können recht gut ungegenständlich arbeiten. Hier müssen die Drahtflächen natürlich wesentlich kleiner sein. Beim Schneiden mit der Blechschere müssen die Kinderpflegerinnen mithelfen. Auch einfache Tierformen können aus dem Draht geformt werden. Diese werden entweder mit Kleisterpapieren oder mit durchgezogenen Bändern bearbeitet.

Übung: Kaschieren von Behältnissen

Eine weitere Möglichkeit des Kaschierens ist das Bekleben von Behältnissen. So können zum Beispiel Plastikdosen oder Flaschen durch eine „neue Haut“ veredelt werden. Sie werden quasi in ihrer Formschönheit erst entdeckt.

- alte Gefäße (Parfumflaschen, Trinkflaschen, Plastikbecher usw.),
- Makulaturpapier, farbige Papiere,
- Kartons oder Styroporverpackungselemente,
- Kleister.

- Flaschen oder Gefäße zunächst mit einer neutralen hellen Schicht (zum Beispiel Makulaturpapier) bedecken; so verschwinden alle Aufdrucke und die Form etwa einer Parfumflasche kommt deutlich heraus;
- die Gefäße mit einer weiteren Schicht Seidenpapiere, Illustriertenpapiere usw. bedecken;
- die Gefäße in einem ebenfalls beklebten Karton oder Styroporverpackungselement arrangieren.

Diese Arbeit ist auch geeignet für Farbübungen wie: Kalt-Warm-Kontrast, Komplementär-Kontrast usw.

3.5 Skulptur

Eine Skulptur ist ein Werk aus der Bildhauerkunst. Sie kann aus verschiedenen Materialien wie Stein, Holz oder Gips bestehen. Zu diesen klassischen Materialien sind heute neue, wie zum Beispiel Ytong, hinzugekommen.

Bei einer Skulptur wird der zu bearbeitende Block durch Sägen, Meißeln, Schaben in eine Form gebracht. Die Darstellung kann abstrakt oder gegenständlich sein.

3.5.1 Speckstein

Der Speckstein, auch Seifenstein genannt, ist ein sehr weiches Material von fettigem Griff. Auch in dichter Masse ist er etwas durchscheinend. Seine Farben reichen von grünlich bis rosé, von beige bis anthrazit. Speckstein findet man im Fichtelgebirge, in einigen afrikanischen Ländern und in Ostasien. Er ist im Fachhandel erhältlich. Sein Eigengewicht ist beträchtlich (Verkauf nach kg) und er ist sehr stoßempfindlich.

Übung: Freie Skulptur

Grundsätzlich sollten die zu bearbeitenden Steine nicht zu groß sein, ein bis zwei Kilo sind angemessen. Ein Anfänger ermüdet, wenn er sich zu viel vornimmt. Gut zu bewältigen ist ein Stein von acht bis zwölf cm Höhe. Die Anregung für die Formgebung kommt meistens aus dem Stein selbst. Manche Formen sind so interessant gebrochen, dass man sie nur noch durch weiteres Ausheben oder Stehenlassen zu unterstreichen braucht. Ist der Block gleichmäßig abgemessen (wie Würfel- oder Quaderform), kann man eher mit einer festgelegten Formidee herangehen. Eine Skizze von der geplanten Skulptur erleichtert die Arbeit. Mit einem weichen Bleistift lässt sich die Form aufzeichnen und anschließend herausarbeiten. Die technischen Schwierigkeiten sind bei der Specksteinbearbeitung nicht sehr groß. Es kann mit einem alten Messer, einer alten Raspel und Feile gearbeitet werden. Zu großer Anfall von Staub in der Luft wird vermieden, wenn ein nasser Aufnehmer unter den Stein gelegt wird.

Freie Skulptur

- Speckstein,
- alter Fuchsschwanz, Steinsäge,
- alte Messer, Raspel, Feilen, eventuell Faustraspel und -feilen,
- Schmirgelpapier (grob und fein),
- Stahlwolle, Stahltopfkratzer,
- Bohnerwachs, Steinfestigungsmittel,
- weiche Lappan zum Blankreiben,
- alte, feuchte Aufnehmer als Unterlage für den Stein.

- Eingehende Betrachtung des vorgegebenen Steines, um zu erkennen, welche Form er anbietet;
- anfeuchten des Steins mit Wasser, um die Maserungen und Strukturen besser zu erkennen; dieses Anfeuchten sollte während des ganzen Arbeitsprozesses immer wiederholt werden, um die Endfarben des Steines vor Augen zu haben;
- nicht gewünschte Formteile absägen (Teile aufbewahren);
- wenn Hammer und Meißel benutzt werden, dann sollte man sehr gefühlvoll damit umgehen, denn beim Behauen kann leicht etwas abspringen;
- der Stein wird mit Raspel (grobes Werkzeug) und Feile (feines Werkzeug) geformt;
- es gilt, Höhlungen und Wölbungen in Einklang zu bringen und die Gesamtform langsam zu gestalten; zu viele Formen bringen ein Vielerlei, daher sollte man eher etwas weglassen: Weniger ist mehr!
- glätten des Steins mit einem Metallkratzer, mit Schmirgelpapier, zuletzt mit feiner Stahlwolle und Watte oder Velourstoff;
- Oberflächenbehandlung mit Bohnerwachs oder Steinfestigungsmittel;
- zum Schluss mit weichem Lappen Glanz erzeugen.

Übung: Handschmeichler

Abfallsteine, die beim Bearbeiten des Specksteins anfallen, lassen sich sehr gut zu kleineren Anhängern (Lederband zum Tragen) oder Handsteinen, so genannten Handschmeichlern, formen. Diese Formen liegen angenehm in der Hand, beim Drehen und Wenden wird das Tastgefühl stark angesprochen. Eine solche Aufgabe kann auch ein Einstieg in die Specksteinverarbeitung sein.

3.5.2 Ytongarbeiten

Übung: Skulptur aus dem Block

Ytong (Porenbeton) ist ein Schaumstein, der im Baustoffhandel erhältlich ist. Es gibt ihn in verschiedenen Größen und Dichten. Wegen seiner Quaderform ist er besonders geeignet zur Skulpturgestaltung aus dem Block. Diese entsteht durch abtragendes Arbeiten. Die ursprünglichen Grenzflächen des Steins bestimmen die Form stark mit, sodass einfache, urbildhafte Figuren entstehen. Ytong ist nicht so weich wie Speckstein. Es besitzt den Materialwiderstand, der von 8 bis 10-jährigen schon bewältigt werden kann. Deshalb ist er ab dem dritten oder vierten Schuljahr einsetzbar. Der Stein kann mit altem Werkzeug, Fuchsschwänzen, Raspeln, Feilen und mit Schmirgelpapier bearbeitet werden. Der anfallende Staub muss zwischendurch immer wieder mit dem Handfeger abgefegt werden. Ytong bearbeitet man am besten im Sommer und im Freien. Ein alter Kittel tut bei der staubintensiven Arbeit gute Dienste.

3.5.3 Gipsarbeiten

Übung: Skulptur aus dem Block

Eine sehr preiswerte Art, plastisches Material selbst herzustellen, ist das Gießen von Gipsformen (Beschreibung in Kapitel 1). Die für diese Arbeiten notwendigen Gipsblöcke lassen sich leicht zwischen Brettchen gießen. Resopalbrettchen sind glatt, der Gips löst sich leicht. Holzbrettchen sollte man mit Bohnerwachs einreiben. Bretter werden mit Zwingen zusammengepresst, damit der flüssige Gips nicht herausläuft. Maße der Gipsblöcke: ungefähr 15-20 cm lang, 8-12 cm breit und 4-6 cm hoch. Als Werkzeuge dienen alte Messer, Raspeln, Feilen, Sägen (Fuchsschwanz), für Rillen eignen sich sehr gut zersägte Regenschirmstangen. Es gibt zwei Möglichkeiten des Gestaltens:

Gipsarbeit

- Die Quaderform wird durch Sägen, Raspeln und Feilen zu einem Lebewesen (Tier, Mensch) geformt. Wichtig ist, dass der blockhafte Charakter erhalten bleibt. Deshalb sind Tiere mit geschlossenen Formen besonders geeignet, zum Beispiel Katzen, Eulen.
- Aus dem gegebenen Block werden Quader- oder Dreieckformen herausgehoben (klein, groß, flach, tief bis zum Durchbruch). Es entsteht eine plastische Form, die architektonischen Charakter hat.

Das Gießen des Gipses kann natürlich auch in anderen Formen geschehen, zum Beispiel in Plastikbechern oder Papppröhrchen. Dabei entstehen andere Grundformen wie Kegelstümpfe oder Zylinder, die dann bearbeitet werden. Interessant ist auch das Ausgießen von Plastikbehältern, die es überall gibt etwa in Pralinen- oder Plätzchenschachteln. Es macht viel Spaß, solche Kleinteile mit Deckfarben anzumalen. Die Farben ziehen sofort ein.

3.6 Herstellung von Puppen

Eine Puppe ist eine Nachbildung der menschlichen Gestalt für verschiedene Zwecke. Sie dient vor allem als Spielzeug für Kinder, als Sammelobjekt für Erwachsene und zur Dekoration von Schaufenstern und Vitrinen. Von alters her sind Puppen bei allen Völkern bekannt. Das Puppenspiel hat im Orient und in Südostasien, besonders in Java, hohen künstlerischen Wert. Bei uns ist es seit dem Mittelalter durch fahrende Spielleute beliebt und wird noch heute gepflegt (Augsburger Puppenkiste).

Spielen mit einer Hand-, Stock- oder Fadenpuppe regt die Fantasie an, bietet die Möglichkeit, freies Sprechen zu üben und neue Geschichten kennenzulernen. Die Welt der Puppen verzaubert Spieler wie Zuschauer. Es gibt zwei Möglichkeiten an die Gestaltung von Puppen heranzugehen: Man kann sich von einem Fundus aus der „Krims-Krams-Kiste“ anregen lassen (zum Beispiel Verpackungsmaterialien) und experimentell Puppen erstellen. Sie regen den Spieler dann zur Erfindung einer Situation oder einer Geschichte an. Eine weitere Möglichkeit besteht darin, nach einem vorgegebenen Stück Figuren anzufertigen. Bei einem Kaspertheater tauchen immer bestimmte Figuren wie Kasper, Gretl und andere auf. Auch die Handlung läuft in einem bestimmten Rahmen ab. Das Anfertigen einer solchen Puppe setzt die Auseinandersetzung mit der zu spielenden Geschichte und der Rolle voraus.

3.6.1 Fingerpuppen

Die Fingerpüppchen sind schnell zu arbeiten und Kinder sind nicht nur begeisterte Zuhörer, wenn man mit einer Fingerpuppe eine Geschichte erzählt, sie beteiligen sich auch gern an aktuellen Themen und Problemen. Hatte ein Kind Streit, weint es und muss getröstet werden, dann kann der Einsatz einer Fingerpuppe helfen. Manchmal erzählen die Kinder dem Fantasiegebilde sogar ihren Kummer. Die Fingerpuppe kann als „Kontakt- oder Bezugsperson“ auftreten und für unterschiedliche Situationen gearbeitet werden.

Es gibt verschiedene Möglichkeiten, Fingerpuppen zu gestalten. Wenn es schnell und einfach gehen soll, kann man die Fingerkuppen mit Gesichtern und Haaren anmalen. Oder man legt ein Taschentuch mittig auf den Zeigefinger und knotet dieses mit einem Faden fest, sodass man das abgeknotete Ende des Taschentuches bemalen kann. Dabei ist es auch möglich, einen aufgeschnittenen Ball oder eine Streichholzschachtel als zu bemalenden Kopf auf das Taschentuch aufzukleben. Auch ein an den Kuppen abgeschnittener Handschuh kann nützlich sein. Hierbei werden die Handschuhkuppen mit Gesicht und Haaren (Wollreste) versehen und über die Finger gestülpt.

Schließlich bietet die Gestaltung von Fingerlingen aus Gipsbinden eine zwar zeitaufwendigere, aber wieder verwendbare Alternative (dabei ist darauf zu achten, dass das Püppchen nicht länger als zwei Fingerglieder ist; so kann man es besser bewegen).

Fingerpüppchen

3.6.2 Handpuppen

Fast jedes Kind hat seine Puppe etwa bis zum sechsten Lebensjahr als liebstes Spielzeug gekuschelt, ihr alles anvertraut, Sorgen und Freude mit ihr geteilt. Dann entdeckt es, dass die Puppe doch nur ein „totes" Spielzeug ist. Die Handpuppe dagegen wird dadurch lebendig, dass das Kind ihr eigene Bewegungen verleiht und sie sprechen lässt. Der Erwachsene hat die Aufgabe, dem Kind die richtige Handhabung der Puppe zu vermitteln. Der Zeigefinger wird in den Kopf, Daumen und Mittelfinger werden in die Arme gesteckt und schon bewegt sich die Puppe so, wie der Spieler es wünscht. Kleine Theaterstücke können für das Spiel mit den Handpuppen ebenfalls eingeübt werden.

Besondere Sorgfalt bei der Erstellung einer Handpuppe gilt dem Kopf. Hier bietet sich Papiermaché an, denn geschnitzte Holzköpfe sind für den kleinen Zeigefinger eines Kindes zu schwer. Das Muster des Kleidchens kann schon so ausgesucht sein, dass es zu der Figur passt. Die Länge des Kleidchens sollte so lang wie der Unterarm des Spielers sein, da dieser bei einem Bühnenspiel verdeckt sein muss. Soll die Handpuppe sowohl für einen Erwachsenen als auch für ein Kind bestimmt sein, lässt sich in der Mitte des Vorderteils ein Zugfaden einarbeiten (wie bei einer Raffgardine).

Handpuppen

- Zeichenkarton, Zeitungspapier;
- Kleister;
- Deckfarben;
- Wollreste (für Kopf- und Barthaare), Stoff (für das Kleid);
- Filz (für die Gestaltung der Fäustlinge);
- Klebstoff und Nähmaterial.

a) Gestaltung des Kopfes:

   - zunächst ein Rechteck aus Zeichenkarton zu einem Fingerröhrchen rollen und kleben; dieses stellt den Hals dar (um die Bewegungsfreiheit des Spielers nicht einzuschränken, darf es nicht länger als zwei Fingerglieder sein);
   - am unteren Ende des Fingerröhrchens einen Wulst aus Zeitungspapierstreifen mithilfe von Kleister formen (dieser dient als Halt für das Kleidchen);
   - große Zeitungspapiere mit Kleister einstreichen und auf und um das obere Ende des Halses knautschen; soviele Papiere übereinanderknautschen bis gewünschte Kopfform (als Grobform) erreicht ist;
   - gerissene Zeitungspapierstreifen mit Kleister versehen und glatt darüberkleben bis glatte Kopfform erreicht ist.
   - Gesichtsform grob mit Zeitungsknubbeln vorformen;
   - Kopf trocknen lassen;
   - auf getrocknete Kopfform Stirn, Augen, Nase, Mund, Kinn und Ohren mit eingekleisterten Zeitungspapieren formen und trocknen lassen;

- Kopf anmalen;
- Kopf eventuell noch mit Bart- und Kopfhaaren aus Wollresten versehen, Hut, Mütze oder Kopftuch sind auch möglich.

b) Gestaltung des Kleides:

- Für die Gestaltung der Fäustlinge der Puppe ist Filz geeignet; diese müssen natürlich auf die Finger passen, damit sie beim Spiel nicht herausrutschen; beim Kleben oder Nähen der Fäustlinge Öffnungen für die Fingerfreilassen;
- der Stoff soll so ausgesucht werden, dass er den Charakter der ausgesuchten Figur unterstreicht; zum Beispiel für den König blauen Samtstoff, für Pippi Langstrumpf karierten oder kleingemusterten Stoff;
- das Kleidchen so groß zuschneiden, dass entweder eine Erwachsenenhand oder eine Kinderhand darin Platz hat;
- das Kleid mit der Nähmaschine oder mit der Hand nähen und am Kopf (an der Wulst) zusammenschnüren.

3.6.3 Stockpuppen

Stockpuppen sind wie die Finger- und Handpuppen dankbare „Spielgefährten“. Da sie an einem Stock befestigt sind, weisen sie eine gewisse Steifheit auf. Die Bewegung wird durch die spielende Person bestimmt. Man kann durch rasche Bewegungen das Kleidchen drehen und die Arme mithilfe von befestigten Fäden schlenkern lassen.

Übung: einfache Stockpuppe

- Rundholz oder Kochlöffel,
- Stoffrest (ungefähr 40 x 40 cm),
- Styroporkleber, Alleskleber, Styroporkugel,
- Perlen, Glöckchen usw.

- Das Rundholz oder der Kochlöffel dient als Stab;
- den Stoffrest mit der Mitte über die Stabspitze legen;
- Styroporkugel auf die Stabspitze und den darüberliegenden Stoff drücken;
- mit Styroporkleber befestigen (keinen Alleskleber benutzen, er zerfrisst den Kunststoff);
- Gesicht malen, Haare aufkleben, eventuell eine Kopfbedeckung arbeiten;
- zum Beschweren der Stoffecken an die Zipfel kleine Perlen oder Glöckchen nähen;
- beim „Kochlöffelmodell“ wird in die Mitte des Stoffs ein kleines Loch geschnitten; anschließend wird der Stoff durch das Loch über den Griff des Kochlöffels geschoben und unterhalb der Löffelfläche festgeklebt.

Übung: Schlenkerpuppe aus Hexentreppen

Aus verschieden breiten, langen und farbigen Papierstreifen falten wir Hexentreppen, die anschließend, zusammengeklebt werden.

- Zwei Papierstreifen, etwa 2 cm breit und 50 cm lang;
- Alleskleber.

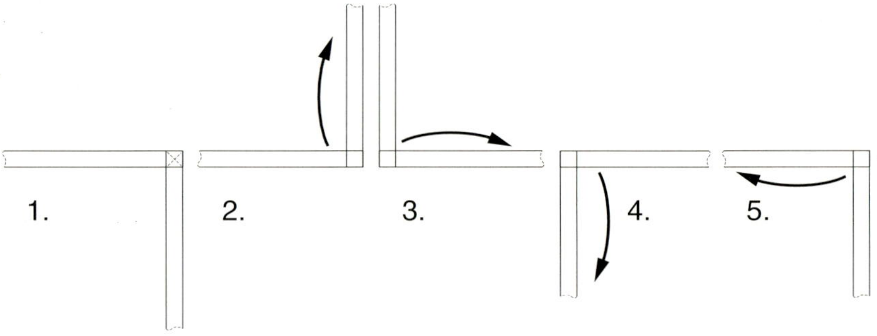

– Zwei Papierstreifen, ungefähr 2 cm breit und 50 cm lang, im rechten Winkel aufeinander kleben (siehe Skizze 1); anschließend den unteren nach oben (Skizze 2), den linken nach rechts (Skizze 3), den oberen nach unten (Skizze 4) und den rechten nach links (Skizze 5) usw. falten.

So kann ein Tausendfüßler, eine Krake oder eine Puppe gestaltet werden. Bei der Puppe kann eine breite Hexentreppe als Körper dienen, eine schmalere als Kopf, vier noch schmalere Hexentreppen bilden Arme und Beine. Anschließend befestigt man die Puppe an einem langen Stock oder arbeitet sie als Marionette, wobei man sie mit einem Fadenkreuz (siehe Übung Marionette) versehen muss.

Übung: Stockpuppe aus weißem Karton

Diese Stockpuppe wird ausschließlich aus weißem Karton gearbeitet, um Licht- und Schatteneffekte zu erzielen. Weißer Karton ist zu bevorzugen, weil farbiger Karton nicht die feinen Abstufungen wiedergibt.

Wichtig ist die Beleuchtung. Neon- und Halogenlicht bilden keine Schatten und sind deshalb nicht geeignet. Natürliches Licht und Glühlampenlicht sollten bevorzugt werden. Licht- und Schatteneffekte werden durch Schneiden, Klappen und Rollen des Papiers erzielt oder durch zusätzliches Aufbringen von Gestaltungselementen. Erwachsene können die Puppe aus Zeichenkarton gestalten. Für Kinder besitzt Schreibmaschinenpapier die richtige Stärke. Wichtig ist es, die Papierlaufrichtung zu berücksichtigen. Die Laufrichtung ist die Richtung, in der das Papier bei seiner Herstellung der Länge nach läuft. In dieser Richtung wird auch gearbeitet, gefaltet und gerollt. In der Querrichtung weist eine Faltung Wellen und eine Rollung Knicke auf. Die Laufrichtung ist durch eine Reißprobe leicht festzustellen. In Laufrichtung lassen sich gerade Streifen und in Querrichtung nur Schnipsel reißen.

- Zeichenkarton (weiß), für Kinder eventuell Schreibmaschinenpapier;
- Schere, Lineal, Zirkel, Bleistift, Falzbein, Rundhölzer verschiedener Stärken zum Rollen des Kartons;
- Klebstoff, Wäscheklammern, Büroklammern zum Halten;
- Rundholz für den Stab.

Als Gestaltungsbeispiel dient eine Stockpuppe, die einen Chinesen darstellt:

- für den Rumpf ein größeres Quadrat (ungefähr 15 x 15 cm) zuschneiden; anschließend dieses in Laufrichtung über ein dickes Rundholz (zum Beispiel einen Besenstiel) formen und an den Längsseiten zusammenkleben (eventuell mit Wäscheklammern zusammenhalten bis es trocken ist), sodass eine runde, hohle Form entsteht;
- einen Kreis für den Kragen zuschneiden, dieser sollte größer als der Rumpf sein (ungefähr 6 bis 7 cm im Radius);
- für den Kopf ein Rechteck aus Karton (ungefähr 5 x 8 cm) zu einer Röhre zusammenkleben, mit Büroklammern zusammenhalten, bis der Kleber getrocknet ist;
- Augen, Nase, Mund, Barthaare, Hut und Zopf aus zusätzlichen Papierteilen zuschneiden und aufkleben;
- für die Arme zwei Rechtecke (ungefähr 8 x 5 cm) über ein dünnes Rundholz rollen, zusammenkleben und in Schulterhöhe (kurz unterhalb der Halskrause) ankleben;
- für die Beine zwei Rechtecke (ungefähr 10 x 6 cm) rollen und zusammen kleben; diese dann am Rumpf befestigen;
- ein Rundholz hinten innen im Rumpf mit Klebestreifen befestigen.

Es kann auch am oberen Teil der Puppe ein Draht angebracht werden, sodass es möglich ist, die Puppe von oben in eine Spielbühne zu halten. Es handelt sich dann schon um eine Marionette. Werden Arme und Beine mit Fäden am Körper befestigt, bewegen sie sich beim Spiel.

Übung: Stockpuppe aus Verpackungsmaterialien

Aus Kästen, Dosen, Verschlüssen, Wellpappen usw. lassen sich schnell Puppen bauen.

Soll die Puppe beweglich sein, werden die Gliedmaßen lose mit Bindfäden am Rumpf verknotet.

- Verpackungsmaterialien, leere Schachteln in verschiedenen Größen;
- Klebstoff, Bindfäden, feste Zwirne;
- Rundholz.

- Schachteln oder sonstige Verpackungsmaterialien für Rumpf, Kopf, Arme und Beine aussuchen;
- für die starre Puppe die Schachteln zusammenkleben;
- für die bewegliche Puppe die Schachteln mit starkem Zwirn lose zusammenknoten;
- Rundholzstab in den Rumpf nach hinten kleben.

Stockpuppe

Übung: Schlupfpuppe

Die Schlupfpuppe ist etwas aufwendiger zu arbeiten, dafür aber auch ein langlebigeres Spielzeug. Diese Stabpuppe sollte einen Namen bekommen, zum Beispiel „Fips". Denn „Fips" kann eine „Gutenachtgeschichte" erzählen, kann trösten, weinen und lachen.
Die Schlupfpuppe besteht aus Kopf, Kleid mit Händen und einer Tüte. Für diese benötigt man ein Schnittmuster.
Als Anregung sind die Schnittmuster verkleinert abgebildet.

Schlupfpuppe

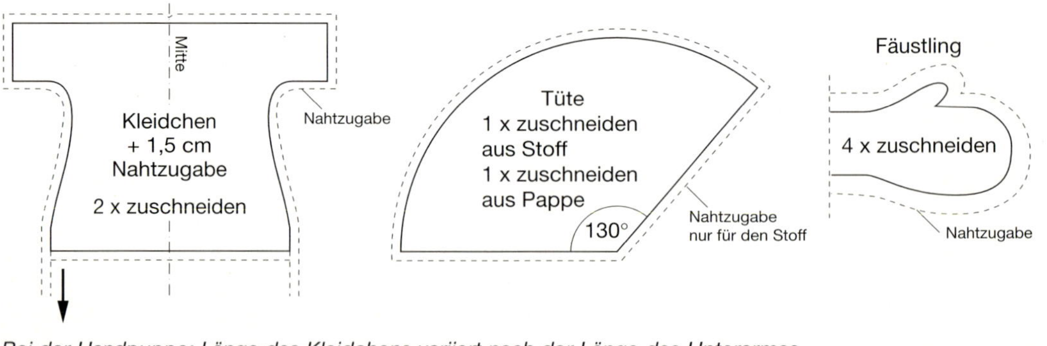

Bei der Handpuppe: Länge des Kleidchens variiert nach der Länge des Unterarmes.

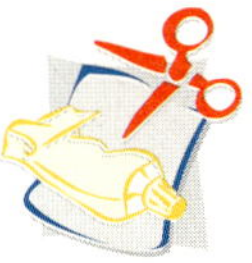

- Karton, Stoff für die Tüte,
- Stoff für das Kleidchen,
- Stoff, Filz und Füllmaterial für die Fäustlinge,
- Kopf: Styroporkugel, Holzkugel, Pappmaché,
- Rundholz,
- Klebstoff, Nadel und Faden oder Nähmaschine, Stifte zum Bemalen des Kopfes.

Schlupfpuppe

- die Tüte aus einem festeren Karton (zum Beispiel Schuhkarton) in Laufrichtung zuschneiden (der Karton muss so biegsam sein, dass er beim Rollen nicht bricht);
- Stoff um den Karton kleben; der Stoff sollte ungefähr 1,5 cm größer als der Karton zugeschnitten werden;
- den so mit Stoff verkleideten Karton an der Rückseite trichterförmig übereinanderkleben und mit Wäscheklammern bis zum Trocknen zusammenhalten;
- das Kleidchen sollte 1,5 cm größer als der Entwurf (Nahtzugabe) zugeschnitten werden; anschließend wird es genäht;
- die Hände oder die Fäustlinge zuschneiden, zusammennähen oder -kleben, eventuell mit Watte füllen; beim Nähen des Kleidchens sollten die Fäustlinge gleich miteinbezogen werden;
- der Saum des Kleidchens wird an den Tütenrand gesteckt und zwar so, dass die Naht der Tüte hinten liegt; beide Teile aneinander nähen oder kleben;
- den Kopf (aus einer Styroporkugel, einer Holzkugel oder aus Pappmaché) nach eigenen Ideen gestalten; das Gesicht wird aufgemalt und Haare aus Wollresten werden aufgeklebt; außerdem kann man noch ein Hütchen aus Pappe oder Filz, ein Kopftuch aus Stoff und eine Brille aus Draht gestalten;
- schließlich ein längeres Rundholz (ungefähr ein Drittel länger als die Kleidchen- und Tütenlänge zusammen) durch die Tüte und das Kleid in den Kopf schieben und darin verkleben (für die Anordnung Tüte/Kleid/Kopf siehe Foto); gelingt die Ansatzstelle nicht so ordentlich, kann eine Halskrause oder ein Schal kaschieren.

3.6.4 Marionetten

Die Marionette ist eine Gliederpuppe und wird auch Fadenpuppe genannt. Sie hängt mit Fäden an einem Holzkreuz und ist für Kinder ab 5 Jahren zum Spielen geeignet.

Bei der Erstellung einer Marionette ist es wichtig, die Puppe so zu gestalten, dass sie sehr beweglich bleibt und „schlottern“ kann. Das heißt, Arme und Beine sollten mindesten aus je zwei Gliedern bestehen. Alle Glieder werden lose miteinander verbunden. In dieser Übung wird die Marionette aus Verpackungsmaterialien hergestellt.

- für den Kopf eine Dose,
- für den Hals eine Verschlusskappe,
- für die Schultern einen Stab oder einen Kleiderbügel,
- für den Rumpf einen Kasten,
- für die Arme vier kleinere Kästchen,
- für die Beine vier Lockenwickler,
- für die Hände runde, für die Füße eckige Verschlusskappen,
- Nagelbohrer, Perlonschnüre oder Zwirn,
- zwei Holzleisten,
- Kaltleim,
- Ösenschrauben,
- eventuell Gipsbinden oder Pappmaché für den Kopf.

- in die Teile Löcher bohren (mit einem Nagelbohrer) oder stechen (mit einem Vorstecher); diese Löcher braucht man für das lockere Befestigen der Teile mit Zwirn oder Perlonschnüren (letztere sind allerdings sehr starr);
- ein Fadenkreuz aus Holzleisten zurechtsägen, leimen (Kaltleim) und mit Zwingen bis zum Trocknen pressen; die Größe des Holzkreuzes richtet sich nach verschiedenen Faktoren: Größe der Gliederpuppe, Menge der zu bewegenden Teile und Alter des Spielers (Handgröße); es kann ein einfaches oder ein doppeltes Holzkreuz gestaltet werden (siehe Skizze). Dabei kann die lange Leiste ungefähr 20 cm und die Querleiste(n) 10 cm lang sein (diese Maße gelten für eine etwa 30 bis 40 cm große Marionette);
- an den Außenpunkten der Querleiste(n) und am Mittelpunkt der Längsleiste werden kleine Ösenschrauben geschraubt, an denen die Fäden der Marionette befestigt werden; der Faden für den Kopf wird dann an der mittleren Öse, der für die Arme an den beiden Außenösen befestigt; falls ein doppeltes Fadenkreuz vorbereitet wurde, werden die Beine durch Fäden mit den Außenösen der zweiten Querleiste verbunden.

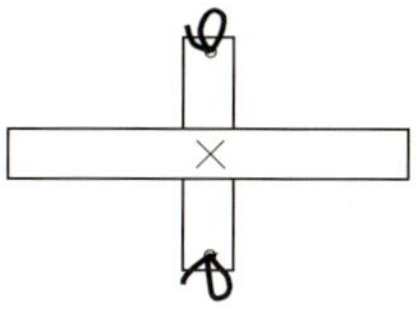

einfaches Fadenkreuz

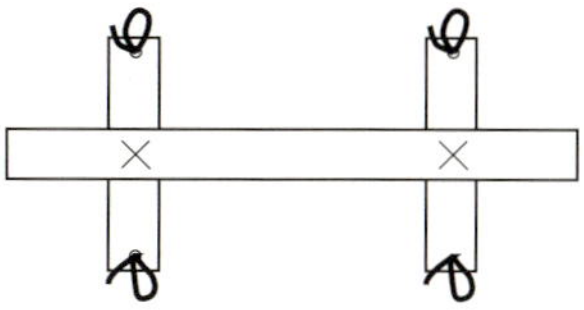

doppeltes Fadenkreuz

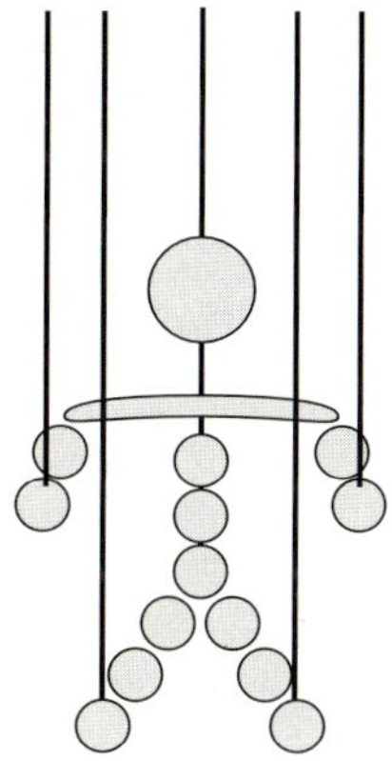

Marionette

Es ist darauf zu achten, dass die Fäden so lang sind, dass Arme, Beine und Kopf im Ruhezustand des Holzkreuzes in Ausgangsstellung sind, das heißt, sie müssen lose herunterhängen.
Natürlich kann die Marionette aufwendiger gearbeitet werden. So kann der Kopf aus Gipsbinden oder Pappmaché geformt sein; ein Holzgestell – mit Ösenschrauben und Bindfäden verbunden – kann den Körper bilden.

3.6.5 Schattenspielfiguren

Das Schattenspiel, auch Schattentheater genannt, stammt aus China und kam im Mittelalter nach Deutschland. Hinter einer Wand aus Glas, Papier oder Leinwand, die erleuchtet ist, bewegen sich die Figuren aus Pergament, Leder, Karton oder Tierhaut. Durch Fäden oder Stäbchen werden die Figuren bewegt.

Als Leinwand kann ein Bettlaken benutzt werden, an dem auch die Requisiten mit doppelseitigem Klebeband befestigt werden (die Requisiten bestimmen das Bühnenbild der Theaterszenen). Jeder Spieler spielt mit nur einer oder höchstens zwei Figuren. Die Schattenspielfiguren können seitlich oder von vorne gestaltet sein. Zum Arbeiten der Schattenspielfigur benötigt man festen, schwarzen Karton und lange, dünne Rundhölzer zum Führen der Figuren. Die Größe der Schattenspielfigur richtet sich nach der Größe des Raumes, in dem gespielt wird. Bei Klassenzimmergröße sollen die Figuren etwa 50 cm groß sein.

- altes Bettlaken für die Leinwand,
- doppelseitiges Klebeband,
- Requisiten (richten sich nach dem Inhalt des gespielten Stücks),
- fester, schwarzer Karton,
- lange, dünne, schwarze Rundhölzer (zum Führen der Figuren),
- Musterklammern, Revolverzange.

– Wenn es schwer fällt, die Figur proportional richtig zu gestalten, sollte man das Raster vom „goldenen Schnitt“ zugrunde legen.

– anschließend bestimmt man anhand des „goldenen Schnittes“ die Muster der zu bewegenden Körperteile, wie Arme, Oberkörper, Taille, und schneidet diese aus schwarzem Karton aus (darauf achten, dass die Muster an den späteren Verknüpfungsstellen eine so genannte „Nahtzugabe“ erhalten, sodass die einzelnen Körperteile mit einer Musterklammer miteinander verbunden werden können; mit einer Revolverzange können die Löcher für die Musterklammer gemacht werden); schließlich schwarze Rundhölzer hinter den zu bewegenden Körperteilen mit Klebeband festkleben, sodass man diese hin- und her bewegen kann.

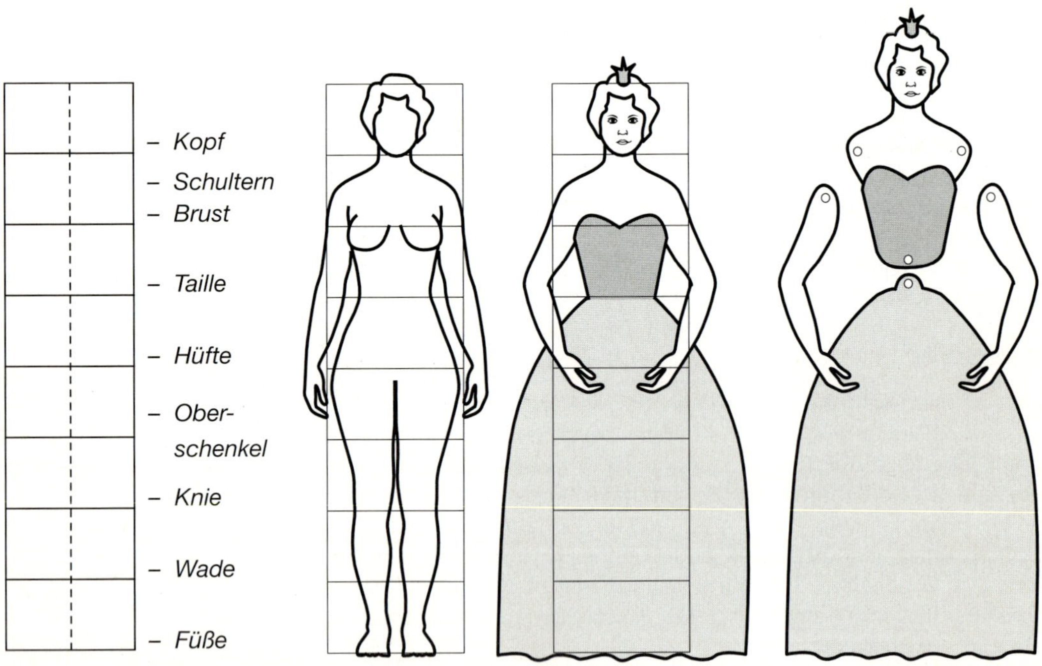

3.6.6 Schilderpuppen

Mit dieser Puppe, die auch eine Art Maske darstellt, kann der Spieler agieren, ohne erkannt zu werden, da für das Gesicht nur ein Aussschnitt vorgesehen ist. Sie verdeckt ihn bis zur Taille; es kann so auch gut im Sitzen gespielt werden (Stuhl- oder Sitzkreis).

- Pappen,
- Bleistift, Teppichmesser, Kartonschere,
- Pinsel für flächiges und feines Malen.

- Die Maße für die Schilderpuppe richten sich nach der Größe der Spieler;
- die Figur, die Ausschnitte für das Gesicht und die Arme werden grob skizziert und mit einem Teppichmesser aus Pappe ausgeschnitten;
- Anprobe und eventuell Änderungen vornehmen;
- großflächiges Anmalen des Kartons mit Abtönfarben;
- Feinmalerei, wie zum Beispiel Hut, Bart, charakteristische Merkmale vornehmen; es können auch Utensilien, wie Pinsel für den Maler, Mütze beim Bäcker, Besen beim Schornsteinfeger gemalt werden.

Das Spiel mit der Schilderpuppe lässt sich beliebig erweitern. Haben die Kinder zusätzliche Ideen, sollten sie unbedingt mit einbezogen werden.

Wichtig für den Sitzkreis ist es, dass die Kinder eine Gemeinschaft bilden, in der jedes Kind beteiligt ist. Der Sitzkreis sollte ungefähr zwanzig Minuten dauern, das ist eine gute Zeit, um ein Lied einzuüben oder ein Tänzchen zu studieren. Das Spiel mit der Schilderpuppe kann beliebig oft wiederholt werden.

3.6.7 Puppenbühnen

Puppenspiele wirken erst dann richtig, wenn sie auf einer Bühne aufgeführt werden. Dort können verschiedene Bühnengestaltungen verwirklicht werden. Neben den hier vorgestellten Guckkasten-, Paravent- und Schattenspielbühnen können auch größere Handpuppenbühnen aus Eierkartons gestaltet werden. Hierbei sitzt der Spieler in einem durch Eierkartons gebildeten Raum und spielt vor einem Fenster mit den Puppen.

Übung: Guckkastenbühne

Diese Bühne eignet sich für Hand- und Stockpuppen und lässt sich einfach bauen.

- Großer Karton, zum Beispiel Waschmaschinenkarton,
- Klebstoff,
- einfarbiger, alter Stoff für die Gardine,
- Kordel (zum Aufhängen der Gardine),
- Ösen für die Gardine.

- zunächst schneidet die Kinderpflegerin einen großen Karton mit dem Teppichmesser zu einem Rechteck zurecht und faltet dieses dann U-förmig;
- die restlichen Pappteile werden zur Verstärkung an wackligen Stellen und um das ausgeschnittene Bühnenfenster herum angeklebt;
- eine einfarbige Gardine wird von der Innenseite an einer Kordel befestigt, sodass man sie auf- und zuziehen kann.

Übung: Paraventbühne

Aus einigen Leisten lässt sich die Paraventbühne (ursprünglich ein Wand- und Ofenschirm, auch bekannt als „Spanische Wand") relativ schnell bauen.

- drei Holzleisten (zwei je 50 cm, die andere 100 cm lang, alle drei etwa 7 cm breit und 2 cm dick),
- kleine Nägel, Hammer,
- Stoff für die Gardine (etwa 50 cm lang und 150 bis 200 cm breit),
- Tacker.
- drei Eimer (mit Sand oder Kies gefüllt).

- für Hand- und Stockpuppen sowie Schlupfpuppen nagelt und leimt man drei Leisten (zwei je 50 cm, die andere 100 cm lang, alle drei etwa 7 cm breit und 2 cm dick) zu einem offenen Rechteck (breite U-Form) zusammen;
- der Stoff für den Vorhang ist etwa 50 cm lang, 150 bis 200 cm breit und wird in Falten von hinten an die lange Leiste getackert;
- beim Bau einer Paraventbühne für Marionetten geht man ähnlich vor, nur sind die seitlichen Leisten länger (ungefähr 80 cm) und der Vorhang ist kürzer (etwa 30 cm), sodass die Marionetten beim Spiel unterhalb des Vorhangs zu sehen sind;
- die Leisten der Paraventbühne werden in einen mit Sand oder Kies gefüllten Eimer gestellt;
- zum Schluss soll der Hintergrund der Paraventbühne noch gestaltet werden.

Guckkastenbühne

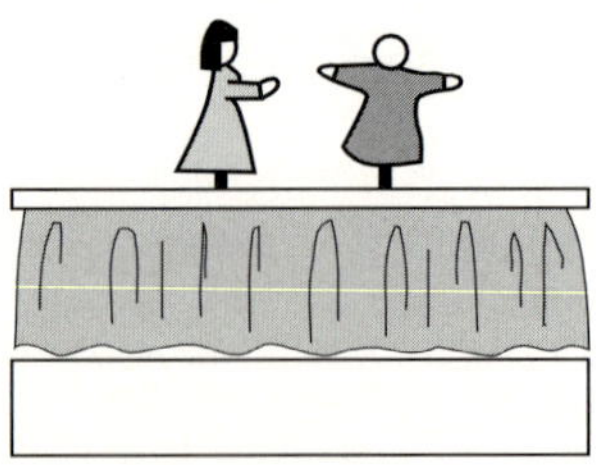

Paraventbühne für Hand- und Stockpuppen

Paraventbühne für Marionetten

Übung: Schattenspielbühne

- altes, weißes Bettlaken,
- lange Holzlatte (etwa 150 bis 200 cm),
- starke Lichtquelle (Baulampe, Halogenglühbirne),
- Requisiten (richten sich nach dem gespielten Stück),
- Stecknadel oder doppelseitiges Klebeband.

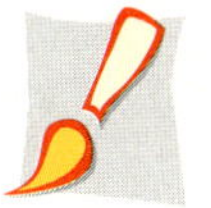

- hierbei dient ein altes, weißes Bettlaken, an einer langen Holzlatte befestigt, als Vorhang; das Ganze wird unter der Decke oder auf Schränken aufliegend befestigt;
- anschließend stellt man eine starke Lichtquelle (Baulampe, 100-Watt-Glühlampe oder Halogenglühbirne) auf; die Spieler stehen dann mit den Schattenspielfiguren zwischen Leinwand und Lampen; am besten ist es, wenn die Spieler im Stehen spielen und die Verkleidung so hoch ist, dass sie verdeckt sind;
- Requisiten mit Stecknadeln oder Klebeband befestigen, da sonst zu viele Spieler gebraucht werden;
- die Stöcke der Schattenspielfiguren sollten so lang sein, dass die Hände nicht zu sehen sind.

Literaturverzeichnis

Bücher zur 1. Phase

Titel	Autor	Verlag
– Werkstatt Gips	Undine Werden	Augustinus Verlag 1992
– Collage und Collagieren	K. Eid, H. Ruprecht	Du Mont, vergr.
– Wie zeichne ich einen Kopf,	Jose M. Parramón	Edition 1990
ein Porträt?		Edition M. Fischer 1991
– Richtig Zeichnen und Skizzieren		
– Materialien für den Sekundarbereich II		
Arbeitstexte für den Kunstunterricht		
– Pelikan für die Schule		Pelikan
– Heft 8/89 Malen mit Deckfarben		Zentrum Moderne Schule
– Der Pelikan		Hannover
Zeitschrift, Heft 72/73		Pelikan

Bücher zur 2. Phase

Titel	Autor	Verlag
– Kunst der Farbe	Johannes Itten	Otto Maier Verlag
Subjektives Erleben und objektives		
Erkennen als Wege zur Kunst		
– Kunst der Farbe, Studienausgabe	Johannes Itten	Otto Maier Verlag
– Die große Ravensberger Malschule	Hazel Harrison	Ravensburger
– Das Kunstbuch	Wolfram	Ravensburger
– Rhytmik und Gestalten	Ingeborg Rathmann	Als-Verlag 1996
– Phänomen Farbe	Gerhard Birkhofer	Als-Verlag 1996
– Techniken mit Wachskreiden	Marianne Merz	Als-Verlag Reihe 712, 1986
– Workshop Kunst Druckgraphik, B.3	Herbert Schöttle	F. Schönningh 1995
– Goethes Farbenlehre	Johannes Pawlik	Du Mont 1985
– Malerei, Graphik, Fotographie	A. Schulze-Westlaun/	Schroedel 1996
Grundkurs, Kurs 1	Michael Klaut	
Materialien für den Sekundarbereich II		
– Wie entstand die Malerei?		Mayers Jugendbibliothek 1994

Kinderbücher zur 2. Phase

Titel	Autor	Verlag
– Kinder denken in Bildern	Hans Daucher	Piper 1990
– Kinder sehen unsere Welt	Jella Lepmann	Bertelsmann 1970
– Kinderkunst	Klaus Eid/	Don Bosco Verlag 1983,
	Michael Langer/	vergr.
	Hakon Ruprecht	
– Was Kinderzeichnungen erzählen	Armin Kreuz	Herder
– Kinder gestalten Märchen	Monika Künzel	ALS-Studio Reihe 728, 1992

Titel		Autor	Verlag
– Bilder und Farben		Philip Yenawine	Carlsen 1993
– Jeder Tag hat eine Farbe		St. Johnson/ L. Fancher	Bertelsmann 1996
– Kunst für Kinder	– Degas	Eichborns	Wienand Verlag
	– Van Gogh	Eichborns	Wienand Verlag
	– L. da Vinci	Eichborns	Wienand Verlag
	– Gaugin	Eichborns	Wienand Verlag
– Abenteuer Kunst:	Bilder träumen	Paul Klee	Prestel Verlag 1996
	Eine Reise um die Welt	Tiepolo	Prestel Verlag 1996
	Der blaue Reiter		Prestel Verlag 1996
	Der Farbenzauberer	Claud Monet	Prestel Verlag 1996
– Kinderatelier		R. Seitz	Ravensburger
– Türme		Paul Maar	Oetinger Verlag 1987
– Wie Farben wirken		Eva Heller	Rowolt 1989
– Die wahre Geschichte von allen Farben		Eva Heller	Lappan
– Die Kinder, die gerne malen		Leo Leonni	Oetinger
– Das kleine Blau und das kleine Gelb			
– Kinder entdecken – Kunst und Musik		Kinder Bibliothek	Time Life
– grün, rot, alle (Hans-Christian-Andersen-Preis 1992)		Kveta Pacovská	Ravensburger 1992
– Der Regenbogenfisch		Marcus Pfister	Nord-Süd-Verlag
– Frederic und die Farben		Leo Leonni	Middelhauve Verlag
– Die Ballade von Herrn Gelb und Frau Blau		N. Junge/Kl. Hoffmann	Aktive Musik 1992
– Der Maler, die Stadt und das Meer		Feth	Aktive Musik 1992
– Der kleine Bär und die Farben		A. Dena	Edition 1994
– Nachtblau und Zitronengelb		C. Cappa	Bertelsmann
– Rot, Blau und ein bisschen Gelb		B. Sortland/L. Elling	Kerle 1996
– Kapitän Blaubärs Farbenbuch		Siebert	Ravensburger
– Häuser		Steven Noon	Arena
– Linnéa		Björk/Anderson	Bertelsmann 1992
– Alphabet		Kréta Pacoyská	Ravensburger

Bücher zur 3. Phase

Titel	Autor	Verlag
– Das große Ravensburger Werkbuch	Kießling/Burggraf	Ravensburger
– Laubsägen	Gunter Friedrichs	TOPP 1995
– Das große Mosaik-Buch vom Werken	Gerd Lindner	Mosaik Verlag 1979
– Textiles Entwerfen und Gestalten	Karin Jerstorp	Verlag B- Haupt 1990
– Knaurs Mal- und Zeichen Buch	Bodo Jaxtheimer	Droemer Verlag, vergr.
– Das Spiel mit den Bildelementen Die Fläche Punkt und Linie Workshop Kunst Unterrichtsideen für Klassen 5-10, Druckgraphik (Band 3)	Herbert Schöttle	Verlag Schöningh
– Bauen und Legen	Stoevesandt	Luther Verlag, Bielefeld
– Hand- und Stabpuppen	Hansjürgen Fetting	Frech 1970, vergr.
– Grundschulpraxis des Kunstunterrichts	H. Burkhardt	Otto Maier, vergr.
– Vom Umgang mit Papier Theater	D. Grünewald	Volk und Wissen 1993

Kinderbücher zur 3. Phase

Titel	Autor	Verlag
– Kinderwerkstatt Holz	Elisabeth Gloor	Ravensburger
– Lernspiele selbstgemacht im Stempeldruck	Helga Ohr	Als Verlag
– Stoffdruck für Kinder	Armin Taubner	TOPP
– rund und eckig – ein Formenspiel	Kveta Pacovska	Ravensburger
– Wie betrachten Kinder Bilder?	Hermann Hinkel	Anabas Verlag
– Kasimir tischlert	Lars Klinting	Oetinger 1995
– Im Land der Blaukarierten	Klaus W. Hoffmann	Aktive Musik 1993
– Das Kunstpaket für Kinder	Ron van der Meer	Ars Edition 1996
– Das ist rund und hat Ecken	Nicole Wollf	Patmos Verlag 1994
– Das ist groß und das ist klein	Nicole Wollf	Patmos Verlag 1994
– Das ist schwer und das ist leicht	Nicole Wollf	Patmos Verlag 1994
– Der Zwerg Nase	Wilhelm Hauff	Patmos Verlag 1994
– Der Breitmaulfrosch	K. Faulkner	Patmos Verlag 1994
– Mit Liedern der Stille	D. Keusch	Patmos Verlag 1994
– Ravensburger Kindermalschule	M.Ä. Comella	Ravensburger 1997

Allgemeine Bücher

Titel	Autor	Verlag
– Du Mont's Handbuch für den Künstler		Du Mont 1986
– Schüler Duden – Die Kunst		Bibliographisches Institut 1997
– Du Mont's Lexikon der bildenden Kunst Stichworte aus Malerei, Plastik, Fotographie, Architektur		Du Mont 1989
– Kommunikative Sozialpädagogik Wahrnehmen – Denken – Handeln	Mintje Bostedt	Fischer 1995
– Dreieck, Rechteck, Kreis	Lydia Sharman	Edition Bücherbar Arena Verlag 1996

Bildquellenverzeichnis

Westfälisches Landesmuseum für Kunst und Kulturgeschichte, Münster: S. 108.

Sachwortverzeichnis